L'HISTOIRE DE
RÉSEAUX D'INFORMATION

Comment le flux d'idées a été utilisé pour construire, changer et façonner l'avenir

ARNOLD D. STABLE

Ce livre est une œuvre de non-fiction. Tous les efforts ont été mis en œuvre pour garantir l'exactitude des informations présentées. Cependant, l'auteur et l'éditeur n'assument aucune responsabilité pour les erreurs, omissions ou toute conséquence découlant de l'utilisation des informations contenues dans ce livre.

Clause de non-responsabilité

Ce livre est destiné uniquement à des fins informatives et éducatives. Les points de vue et opinions exprimés dans ce livre sont ceux de l'auteur et ne reflètent pas nécessairement les points de vue des organisations, institutions ou individus mentionnés.

L'auteur et l'éditeur ne garantissent pas l'exhaustivité, la fiabilité ou l'exactitude des informations fournies. Les lecteurs sont encouragés à mener leurs propres recherches et à consulter des professionnels pour obtenir des conseils spécifiques liés aux sujets abordés dans ce livre.

Toute référence à des événements, des personnes ou des organisations historiques est basée sur des informations accessibles au public et ne vise pas à diffamer ou à nuire à un individu ou à un groupe.

L'auteur et l'éditeur ne pourront être tenus responsables de tout dommage ou perte résultant de l'utilisation de ce livre.

TABLE DES MATIÈRES

Prologue

"La chose la plus importante dans la communication est d'entendre ce qui n'est pas dit." -Pierre Drucker

Depuis le moment où les humains ont gravé pour la première fois des symboles sur les parois des grottes, nous avons été animés par un besoin singulier et implacable : partager ce que nous savons. Le flux d'idées, que ce soit par le biais de paroles, de textes écrits ou de signaux numériques, a toujours été le fil invisible qui nous lie ensemble. C'est la manière dont nous donnons un sens au monde, dont nous nous connectons les uns aux autres et dont nous construisons l'avenir. Ce livre porte sur ce fil. C'est l'histoire de la façon dont les humains ont créé, utilisé et transformé les réseaux d'information pour façonner les sociétés, les cultures et le cours de l'histoire elle-même.

Imaginez un instant un monde sans possibilité de partager des idées. Aucune histoire transmise d'une génération à l'autre. Aucune lettre envoyée à travers les océans. Pas de livres, pas de journaux, pas d'Internet. Sans le flux d'informations, les progrès s'arrêteraient. La connaissance resterait enfermée dans l'esprit des individus, incapable de se diffuser, incapable de croître. Mais ce n'est pas le monde dans lequel nous vivons. Au lieu de cela, nous avons construit des systèmes – des réseaux – qui permettent aux idées de voyager plus loin et plus rapidement que jamais. Ces réseaux ont été aussi simples qu'un messager à cheval ou aussi complexes que le réseau mondial de satellites qui entourent désormais notre planète. Et à chaque nouvelle manière de partager l'information, l'humanité a changé.

Ce livre commence avec les premières formes de communication, lorsque nos ancêtres utilisaient des images et des symboles pour enregistrer leurs pensées. Cela fait suite à l'essor du langage écrit, à l'invention de l'imprimerie et à la création de systèmes postaux reliant des pays lointains. Il explore comment le télégraphe et le téléphone ont rétréci le monde, comment la radio et la télévision ont introduit les voix et les images dans nos foyers et comment Internet a tout révolutionné. En cours de route, il examine non seulement les technologies elles-mêmes, mais aussi l'impact profond qu'elles ont eu sur notre façon de vivre, de penser et d'interagir.

L'histoire des réseaux d'information n'est pas seulement une histoire d'invention ; c'est une histoire de pouvoir. Ceux qui contrôlent le flux de l'information ont toujours exercé une grande influence. Les rois et les empereurs utilisaient des messagers pour maintenir leurs empires. Les chefs religieux utilisaient les livres pour diffuser leurs croyances. Les gouvernements et les entreprises ont utilisé les ondes radio, les écrans de télévision et les plateformes numériques pour façonner l'opinion publique. Mais les réseaux d'information sont aussi des capacités de résistance. Ils ont été utilisés pour défier l'autorité, pour diffuser des idées révolutionnaires et pour donner une voix à ceux qui n'en ont pas. Des brochures sur la Révolution américaine aux tweets des militants modernes, le flux d'informations a été une force à la fois de contrôle et de changement.

Aujourd'hui, nous vivons dans un monde où l'information circule à la vitesse de la lumière. Une seule idée peut voyager à travers le monde en un instant, suscitant des mouvements, des débats et des innovations. Mais cette connectivité sans précédent soulève également de nouvelles questions. Qui décide quelles informations sont partagées et lesquelles sont cachées ? Comment naviguer dans un monde où la vérité et le mensonge peuvent se propager avec la même facilité ? Et quel avenir pour les réseaux que nous avons construits ?

Ce livre ne prétend pas avoir toutes les réponses. Au lieu de cela, il vous invite à explorer l'histoire de la façon dont nous sommes arrivés ici. En comprenant le passé, nous pouvons mieux comprendre le présent et peut-être même entrevoir l'avenir. L'histoire des réseaux d'information est, à bien des égards, l'histoire de l'humanité elle-même. C'est une histoire de curiosité, de créativité et de connexion. C'est l'histoire de la façon dont nous avons utilisé le flux d'idées pour construire, changer et façonner le monde dans lequel nous vivons. Et c'est une histoire qui est loin d'être terminée.

Chapitre 1

Qu'est-ce que la connaissance ?

Définir les connaissances

Que signifie savoir quelque chose ? Cette question fascine l'humanité depuis des milliers d'années, façonnant la façon dont nous pensons nous-mêmes, nos sociétés et le monde qui nous entoure. Des philosophes anciens aux penseurs modernes, la quête de définition du savoir a joué un rôle central dans la compréhension du progrès humain et du rôle des idées dans le façonnement de nos vies.

L'histoire commence avec Platon, l'un des philosophes les plus influents de l'histoire. Dans son dialogue Théétète, Platon a proposé une définition de la connaissance qui a fait écho à travers les siècles : la connaissance est « la vraie croyance justifiée ». Pour vraiment savoir quelque chose, affirmait-il, trois conditions doivent être remplies. Premièrement, la croyance doit être vraie : elle doit correspondre à la réalité. Deuxièmement, la personne doit y croire ; la connaissance ne peut exister sans conviction. Enfin, il doit y avoir une justification, ce qui signifie que la croyance doit être étayée par des preuves ou par la raison. Par exemple, si quelqu'un croit que le soleil se lèvera demain, et c'est le cas, cette croyance est vraie. Mais sans comprendre pourquoi le soleil se lève – sans justification – cela ne peut pas être considéré comme une connaissance au sens philosophique du terme.

La définition de Platon était révolutionnaire car elle introduisait l'idée que la connaissance ne consiste pas seulement à avoir des croyances correctes, mais aussi à comprendre pourquoi ces croyances sont correctes. Cet accent mis sur la justification a jeté les bases de siècles de recherche philosophique. Cependant, cela soulève également des questions difficiles. Qu'est-ce qui compte comme justification ? Comment pouvons-nous savoir si nos justifications sont fiables ? Ces questions interpelleraient les philosophes pendant des générations.

Aristote, l'élève de Platon, a développé ces idées en soulignant l'importance de l'observation et de la logique. Alors que Platon se concentrait sur des formes abstraites et idéales, Aristote pensait que la connaissance provenait de l'étude du monde naturel. Il a soutenu que la connaissance se construit grâce à un raisonnement et des preuves systématiques, un processus que nous reconnaissons désormais comme le fondement de la science. L'approche d'Aristote a déplacé l'attention des idées purement théoriques vers la compréhension pratique, influençant la manière dont les connaissances étaient approfondies dans des domaines comme la biologie, la physique et l'éthique.

Des siècles plus tard, au Moyen Âge, le concept de connaissance est devenu profondément lié à la religion. Des penseurs comme Thomas d'Aquin ont cherché à réconcilier la foi et la raison, arguant que la connaissance pouvait provenir à la fois de la révélation divine et de l'enquête humaine. Pour Thomas d'Aquin, la connaissance ne consistait pas seulement à comprendre le monde naturel, mais aussi à saisir les vérités spirituelles. Cette période a mis en évidence la tension entre les différentes sources de connaissance – la raison, l'expérience et la foi – un débat qui se poursuit encore aujourd'hui.

Le siècle des Lumières aux XVIIe et XVIIIe siècles a apporté un changement radical dans la façon dont la connaissance était perçue. Des philosophes comme René Descartes et John Locke ont remis en question les fondements de la compréhension humaine. Descartes a déclaré : « Je pense, donc je suis », soulignant le rôle du doute et de la raison dans la recherche de la certitude. Il croyait que la connaissance devait être construite sur une base de certitude absolue, en commençant par la vérité évidente de sa propre existence.

En revanche, Locke soutenait que la connaissance vient de l'expérience. Il a décrit l'esprit humain comme une « ardoise vierge » à la naissance, avec toutes les connaissances découlant des impressions sensorielles et de la réflexion. Cette idée, connue sous le nom d'empirisme, remettait en question l'idée selon laquelle certaines vérités sont innées ou évidentes. Les travaux de Locke ont jeté les bases de la science moderne, qui s'appuie sur l'observation et l'expérimentation pour acquérir des connaissances.

À mesure que progressaient les Lumières, d'autres philosophes comme Emmanuel Kant cherchaient à combler le fossé entre la raison et l'expérience. Kant soutenait que si la connaissance commence par l'expérience, l'esprit joue un rôle actif dans l'organisation et l'interprétation de cette expérience. Il a introduit l'idée que certains concepts, comme l'espace et le temps, ne sont pas appris du monde mais sont intégrés à la structure de la pensée humaine. Cette perspective a remodelé la façon dont les philosophes comprenaient la relation entre l'esprit et la réalité.

Au XXe siècle, l'étude des connaissances, connue sous le nom d'épistémologie, a pris de nouvelles dimensions. Des philosophes comme Ludwig Wittgenstein et Edmund Gettier ont remis en question les définitions traditionnelles de la connaissance. Wittgenstein a exploré la façon dont le langage façonne notre compréhension du monde, suggérant que ce que nous « savons » est souvent lié aux mots et aux concepts que nous utilisons. Gettier, quant à lui, a remis en question la définition de la connaissance donnée par Platon avec une série d'expériences de pensée. Il a montré qu'une croyance pouvait être vraie et justifiée sans pour autant être considérée comme une connaissance, suscitant d'intenses débats parmi les philosophes.

La philosophie moderne continue de se pencher sur ces questions, notamment dans le contexte de la technologie et de l'information. À une époque où les données sont abondantes mais souvent peu fiables, le défi de définir les connaissances n'a jamais été aussi urgent. Les philosophes explorent désormais la façon dont les connaissances sont influencées par les algorithmes, les médias sociaux et l'intelligence artificielle, soulevant de nouvelles questions sur ce que signifie « savoir » quelque chose dans un monde numérique.

Tout au long de l'histoire, les définitions évolutives de la connaissance ont façonné la manière dont les humains perçoivent la vérité, l'apprentissage et le progrès. L'idée de Platon d'une véritable croyance justifiée a ouvert la voie à des siècles de débat, tandis que des penseurs comme Aristote, Descartes et Locke ont élargi notre compréhension de la manière dont la connaissance est acquise et utilisée. Ces explorations philosophiques nous rappellent que la connaissance n'est pas seulement un ensemble de faits mais un processus dynamique de questionnement, de raisonnement et de découverte. C'est grâce à ce processus que l'humanité a construit des civilisations, fait progresser la science et cherché un sens dans un monde en constante évolution.

Le rôle de la connaissance dans le progrès humain

Depuis les premiers jours de l'existence humaine, la connaissance constitue le fondement sur lequel se construit le progrès. C'est le fil invisible qui relie les générations, la capacité qui a permis à l'humanité de s'adapter, d'innover et de prospérer dans un monde en constante évolution. La connaissance n'est pas seulement l'accumulation de faits ou de compétences ; c'est la capacité de comprendre, d'interpréter et d'appliquer des informations pour résoudre des problèmes, créer de nouvelles possibilités et façonner l'avenir. Sans connaissance, l'humanité serait restée stagnante, incapable de relever les défis de la survie ou de construire les sociétés complexes que nous connaissons aujourd'hui.

Au début, la connaissance était une question de survie. Les premiers humains s'appuyaient sur leur compréhension du monde naturel pour chasser, se rassembler et se protéger des prédateurs. Ils ont appris quelles plantes pouvaient être consommées sans danger, comment traquer les animaux et comment créer des capacités à partir de pierre et de bois. Ces connaissances n'étaient pas écrites mais transmises oralement d'une génération à l'autre, garantissant que chaque nouveau groupe d'humains puisse s'appuyer sur les expériences de ceux qui les ont précédés. Cette capacité à partager et à préserver les connaissances a donné aux humains un avantage significatif sur les autres espèces, leur permettant de s'adapter à différents environnements et de surmonter les dures réalités de la vie préhistorique.

L'un des moments les plus transformateurs de l'histoire de l'humanité a été la révolution agricole, qui a commencé il y a environ 10 000 ans. Avant cette période, les humains vivaient comme des chasseurs-cueilleurs nomades, se déplaçant constamment à la recherche de nourriture. Mais avec la découverte de l'agriculture, tout a changé. Les gens ont appris à cultiver et à domestiquer les animaux, ce qui leur a fourni un approvisionnement alimentaire stable et leur a permis de s'installer au même endroit. Ce passage d'un mode de vie nomade à un mode de vie sédentaire a jeté les bases des premières civilisations. La connaissance de l'agriculture s'est répandue dans toutes les régions, permettant la croissance des villes, le développement du commerce et la création de structures sociales complexes. La révolution agricole n'était pas seulement une question de nourriture ; il s'agissait du pouvoir de la connaissance pour transformer la façon dont les humains vivaient et interagissaient avec le monde.

À mesure que les civilisations se développaient, la nécessité de préserver et d'élargir les connaissances augmentait également. Des systèmes d'écriture ont été inventés, comme le cunéiforme en Mésopotamie et les hiéroglyphes en Égypte, pour enregistrer les lois, les transactions commerciales et les textes religieux. Ces premiers documents ont permis de stocker et de partager les connaissances entre générations, garantissant ainsi que les découvertes et idées importantes ne soient pas perdues. Les bibliothèques, comme la célèbre Bibliothèque d'Alexandrie, sont devenues des centres d'apprentissage où les chercheurs pouvaient étudier et échanger des idées. Cette préservation des connaissances était cruciale pour l'avancement de la science, de la philosophie et de la culture.

La révolution scientifique des XVIe et XVIIe siècles a marqué un autre moment charnière dans le progrès humain. Au cours de cette période, des penseurs comme Galileo Galilei, Isaac Newton et Johannes Kepler ont remis en question les croyances traditionnelles et ont utilisé l'observation, l'expérimentation et la raison pour découvrir les lois de la nature. L'invention de l'imprimerie par Johannes Gutenberg au XVe siècle a joué un rôle clé dans cette révolution en rendant les livres plus accessibles et en permettant la diffusion rapide de nouvelles idées. Le savoir n'était plus réservé à l'élite ; c'est devenu une ressource partagée qui pourrait inspirer l'innovation et stimuler le progrès. Les découvertes de la révolution scientifique ont jeté les bases de la science et de la technologie modernes, transformant la façon dont les humains comprennent le monde et la place qu'ils y occupent.

La révolution industrielle des XVIIIe et XIXe siècles a encore démontré le pouvoir du savoir pour façonner l'histoire de l'humanité. Les progrès de l'ingénierie, de la chimie et de la physique ont conduit à l'invention de machines capables de produire des biens à grande échelle. Les usines ont remplacé les petits ateliers et les machines à vapeur ont révolutionné les transports et l'industrie. Cette période de progrès technologique rapide a été alimentée par l'accumulation et l'application des connaissances, qui ont permis aux sociétés de passer d'économies agraires à des puissances industrielles. La révolution industrielle a non seulement amélioré le niveau de vie de nombreuses personnes, mais a également mis en évidence l'importance de l'éducation et de l'innovation dans le développement économique et social.

Tout au long de l'histoire, le partage des connaissances a été aussi important que leur création. Les sociétés qui accordaient la priorité à l'éducation et à la diffusion des idées étaient mieux équipées pour s'adapter au changement et surmonter les défis. Par exemple, au siècle des Lumières, des penseurs comme Voltaire, Rousseau et Kant mettaient l'accent sur la valeur de la raison, de l'éducation et du libre échange d'idées. Leur travail a inspiré des révolutions politiques et des réformes sociales, démontrant comment la connaissance pouvait être une force de libération et de progrès.

Cependant, l'histoire de la connaissance ne se limite pas à ses triomphes. Il y a eu des moments où le savoir était supprimé ou contrôlé pour maintenir le pouvoir. Au Moyen Âge, par exemple, l'accès aux livres et à l'éducation était limité à quelques privilégiés, et les idées dissidentes étaient souvent réduites au silence. Pourtant, même durant ces périodes, le savoir a trouvé le moyen de survivre, que ce soit grâce aux sociétés secrètes, aux mouvements clandestins ou à la résilience d'individus qui refusaient de le laisser disparaître.

Aujourd'hui, nous vivons à une époque où la connaissance est plus accessible que jamais. Internet a créé un réseau mondial d'échange d'informations, éliminant les barrières de distance et de temps. Pourtant, cette abondance de connaissances s'accompagne également de défis, tels que la désinformation et la nécessité d'évaluer les sources de manière critique. Alors que nous regardons vers l'avenir, il est clair que la préservation et le partage des connaissances resteront essentiels pour résoudre les problèmes complexes de notre époque, du changement climatique aux inégalités mondiales.

Le rôle de la connaissance dans le progrès humain témoigne de notre capacité à apprendre, à s'adapter et à innover. C'est le moteur de toutes les réalisations majeures de l'histoire, de la construction des pyramides à l'exploration de l'espace. Mais la connaissance n'est pas statique ; il doit être nourri, remis en question et partagé pour rester pertinent. Alors que nous continuons de bâtir sur les fondations posées par ceux qui nous ont précédés, nous devons également veiller à ce que les générations futures aient les capacités et les opportunités nécessaires pour créer un monde meilleur. Selon les mots d'Isaac Newton : « Si j'ai vu plus loin, c'est en me tenant sur les épaules de géants ». La connaissance est notre héritage, notre responsabilité et notre plus grand espoir pour l'avenir.

Comment les cultures anciennes ont préservé la sagesse

Depuis l'aube de la civilisation humaine, la connaissance est plus qu'une simple capacité de survie : elle constitue un héritage sacré, un trésor à préserver et à transmettre de génération en génération. Pour les cultures anciennes, la connaissance n'était pas seulement pratique ; c'était profondément lié à leur compréhension du monde, à leurs croyances spirituelles et à leur sentiment d'identité. C'était le fondement de leurs sociétés, façonnant leurs lois, leurs rituels et leurs modes de vie. Perdre ces connaissances aurait été perdre leur lien avec le passé et leur capacité à guider l'avenir. En conséquence, les civilisations anciennes ont développé des moyens remarquables pour sauvegarder la sagesse qui leur était la plus chère, en veillant à ce qu'elle résiste à l'épreuve du temps.

Dans de nombreuses cultures anciennes, la connaissance sacrée était étroitement liée à la religion et à la spiritualité. On croyait souvent que cette sagesse provenait de sources divines – dieux, ancêtres ou monde naturel – et qu'elle était confiée à l'humanité comme un don ou une responsabilité. Par exemple, dans l'Égypte ancienne, la connaissance était considérée comme une bénédiction divine du dieu Thot, considéré comme le patron de l'écriture, de la sagesse et de la science. Les Égyptiens ont développé des hiéroglyphes, un système d'écriture complexe combinant symboles et images, pour enregistrer leurs textes sacrés, leurs rituels et leurs événements historiques. Ces hiéroglyphes étaient méticuleusement inscrits sur les murs des temples, les tombes et les rouleaux de papyrus, garantissant ainsi que la connaissance de leurs dieux, rois et cosmologie serait préservée pour l'éternité. Le « Livre des Morts », un recueil de sortilèges et d'instructions pour naviguer dans l'au-delà, est l'un des exemples les plus célèbres de la manière dont les Égyptiens ont sauvegardé leur sagesse sacrée.

Dans l'Inde ancienne, la préservation des connaissances sacrées prenait une forme différente. Les Vedas, un recueil d'hymnes, de prières et d'enseignements philosophiques, étaient considérés comme la source ultime de sagesse et de vérité. Ces textes n'ont pas été écrits pendant des siècles ; au lieu de cela, ils ont été préservés par la tradition orale. Les prêtres et les érudits, connus sous le nom de brahmanes, mémorisaient les Vedas avec une précision extraordinaire, en utilisant des rythmes et des intonations spécifiques pour garantir que chaque mot et chaque son étaient transmis exactement tels qu'ils avaient été reçus. Cette tradition orale n'était pas seulement une méthode de préservation ; c'était un acte sacré, une manière d'honorer l'origine divine du savoir. Même aujourd'hui, les Vedas sont récités de la même manière qu'il y a des milliers d'années, ce qui témoigne de la puissance durable de cette méthode ancienne.

Les traditions orales étaient également essentielles à la préservation des connaissances dans de nombreuses cultures autochtones du monde entier. Pour ces sociétés, la sagesse était souvent ancrée dans des histoires, des chants et des rituels qui transmettaient d'importantes leçons sur le monde naturel, les valeurs sociales et les croyances spirituelles. Chez les peuples autochtones d'Australie, par exemple, les récits « Dreamtime » décrivent la création du monde et les lois qui le régissent. Ces histoires ne sont pas que des mythes ; ils constituent un dépositaire vivant de connaissances, enseignant à chaque génération comment vivre en harmonie avec la terre et ses ressources. De même, dans de nombreuses cultures africaines, les griots – historiens oraux et conteurs – ont joué un rôle essentiel dans la préservation de l'histoire et des traditions de leurs communautés. À travers leurs performances, ils ont gardé vivant la mémoire des ancêtres, la sagesse des aînés et les leçons du passé.

Les symboles et les rituels constituaient un autre moyen puissant permettant aux cultures anciennes de préserver les connaissances sacrées. Dans la civilisation maya de Méso-Amérique, par exemple, les connaissances en astronomie, en mathématiques et en mesure du temps étaient codées dans leurs systèmes de calendrier complexes et leur architecture monumentale. Les Mayas construisaient des observatoires et des temples alignés sur les événements célestes, utilisant ces structures pour suivre les mouvements du soleil, de la lune et des étoiles. Cette connaissance n'était pas seulement scientifique ; c'était profondément spirituel, guidant leurs pratiques agricoles, leurs cérémonies religieuses et leur compréhension de l'univers. Les glyphes mayas, gravés dans la pierre et peints sur des codex, servaient de trace écrite de leurs connaissances sacrées, même si une grande partie a été tragiquement perdue lors de la conquête espagnole.

Dans de nombreux cas, la préservation des connaissances sacrées était étroitement liée à la gouvernance et à l'ordre social. En Mésopotamie, l'une des premières civilisations du monde, le Code d'Hammourabi était inscrit sur une stèle de pierre à la vue de tous. Ce code juridique, qui définissait les lois et les sanctions, n'était pas seulement un guide pratique de la justice ; c'était le reflet de la volonté divine, qui aurait été donnée au roi Hammourabi par le dieu Marduk. En consignant ces lois par écrit, les Mésopotamiens garantissaient la pérennité de leurs principes de gouvernance et de moralité, assurant ainsi la stabilité et la continuité de leur société.

La préservation des connaissances sacrées n'était pas sans défis. Dans de nombreuses cultures, cette sagesse était réservée à un groupe sélectionné de personnes – prêtres, scribes ou dirigeants – à qui était confiée la garde. Cette exclusivité visait souvent à protéger les connaissances contre toute utilisation abusive ou corruption, mais elle signifiait également que l'accès à ces connaissances était limité. Par exemple, dans la Chine ancienne, le « I Ching » (Livre des Mutations) était un texte sacré utilisé pour la divination et la réflexion philosophique. Son système complexe de symboles et d'interprétations nécessitait des années d'études pour être maîtrisé, et ses enseignements étaient souvent réservés aux érudits et aux fonctionnaires. De même, dans l'Europe médiévale, les connaissances contenues dans les textes religieux et les œuvres classiques étaient préservées dans les monastères, où les moines copiaient minutieusement les manuscrits à la main. Si cela garantissait la survie de ces textes, cela signifiait également qu'ils étaient largement inaccessibles au grand public.

Malgré ces limites, les efforts des cultures anciennes pour préserver leurs connaissances sacrées ont eu un impact profond et durable. La sagesse du passé continue d'inspirer et d'informer le présent, fournissant ainsi le fondement de la science, de la philosophie et de la culture modernes. Les hiéroglyphes d'Égypte, les Vedas de l'Inde, les traditions orales des peuples autochtones et les codex des Mayas ne sont pas de simples reliques de l'histoire ; ils sont des rappels vivants de la capacité humaine à valoriser, protéger et partager ce qui est le plus important.

Dans un monde en constante évolution, la préservation des connaissances reste plus que jamais vitale. Tout comme les cultures anciennes reconnaissaient l'importance de sauvegarder leur sagesse, nous devons nous aussi veiller à ce que les connaissances de notre époque soient préservées pour les générations futures. Que ce soit à travers les livres, les archives numériques ou les traditions orales, l'acte de préserver les savoirs est une manière d'honorer le passé, d'enrichir le présent et de préparer l'avenir. Comme le croyaient les anciens Grecs, la connaissance n'est pas seulement une possession ; c'est un héritage, un cadeau qui nous relie à ceux qui nous ont précédés et à ceux qui viendront après.

L'évolution de la transmission des connaissances

Pendant une grande partie de l'histoire de l'humanité, le savoir n'a pas été transmis sur papier ou sur pierre, mais dans l'esprit et la voix des gens. Avant l'invention de l'écriture, les traditions orales constituaient le principal moyen par lequel les sociétés préservaient et partageaient leur sagesse, leur histoire et leurs valeurs. À travers des histoires, des chants et des rituels, les premiers humains ont transmis ce qu'ils savaient d'une génération à l'autre. Cette méthode de transmission des connaissances était profondément personnelle et communautaire, liant les gens entre eux à travers des expériences partagées et une mémoire collective. Cependant, à mesure que les sociétés humaines devenaient plus complexes, les limites des traditions orales sont devenues apparentes, conduisant à l'une des innovations les plus transformatrices de l'histoire : l'invention de l'écriture.

Dans les premières sociétés, les traditions orales étaient l'élément vital de la culture et de la survie. La connaissance n'était pas écrite mais parlée, chantée ou interprétée. Les aînés, les conteurs et les chefs spirituels étaient les gardiens de ce savoir, veillant à ce qu'il soit transmis aux jeunes générations. Les histoires étaient utilisées pour expliquer les origines du monde, enseigner des leçons de morale et préserver l'histoire d'une communauté. Par exemple, les peuples autochtones du monde entier s'appuient depuis longtemps sur les traditions orales pour transmettre leur compréhension de la terre, de leurs ancêtres et de leurs croyances spirituelles. Ces histoires étaient souvent riches en symbolisme et en signification, conçues pour être mémorables afin de pouvoir être racontées avec précision.

Les chants et les rituels jouaient également un rôle crucial dans la transmission des connaissances orales. Dans de nombreuses cultures africaines, les griots – historiens de la tradition orale et musiciens – utilisaient le rythme et la mélodie pour raconter des généalogies, des événements historiques et des valeurs culturelles. De même, dans la Grèce antique, des poèmes épiques comme celui d'Homère *Iliade* et *Odyssée* ont été composés et interprétés oralement, préservant les mythes et l'histoire du peuple grec. Ces traditions orales n'étaient pas seulement une question de divertissement ; ils étaient un moyen de garder le passé vivant et de garantir que des connaissances importantes ne soient pas oubliées.

La force des traditions orales réside dans leur capacité à s'adapter et à évoluer. Parce qu'ils étaient transmis au fil des performances, ils pouvaient être adaptés aux besoins du public ou au contexte de l'époque. Cette flexibilité a permis aux traditions orales de rester pertinentes et engageantes. Cependant, cette même adaptabilité constituait également une limite. Au fil du temps, les histoires et les connaissances peuvent changer, intentionnellement ou accidentellement, au fur et à mesure qu'elles sont racontées. Des détails peuvent être oubliés, modifiés ou embellis, entraînant des variations susceptibles de déformer le message original. De plus, les traditions orales s'appuyaient fortement sur la mémoire, ce qui signifiait que les connaissances pouvaient être perdues si les détenteurs de ces connaissances décédaient sans les transmettre.

À mesure que les sociétés humaines devenaient plus grandes et plus complexes, la nécessité de disposer d'un moyen plus fiable et plus permanent de préserver les connaissances est devenue évidente. Ce besoin a conduit à l'une des étapes les plus importantes de l'histoire de l'humanité : l'invention de l'écriture. L'écriture permettait aux gens d'enregistrer des informations sous une forme fixe, garantissant qu'elles pourraient être conservées avec précision au fil du temps et partagées sur de grandes distances. Il s'agissait d'une étape révolutionnaire qui a transformé la manière dont les humains transmettaient leurs connaissances et façonnait le développement des civilisations.

Le premier système d'écriture connu, le cunéiforme, a été développé en Mésopotamie vers 3 100 avant notre ère. Cela a commencé comme un moyen de garder une trace des registres commerciaux et agricoles, en utilisant de simples symboles gravés sur des tablettes d'argile. Au fil du temps, le cunéiforme a évolué vers un système plus sophistiqué capable d'enregistrer les lois, la littérature et les textes religieux. Dans l'Égypte ancienne, les hiéroglyphes sont apparus comme un autre système d'écriture précoce, combinant des symboles picturaux avec des éléments phonétiques pour créer une forme de communication polyvalente et expressive. Les hiéroglyphes étaient utilisés pour inscrire tout, des décrets royaux aux textes sacrés, tels que le « Livre des Morts », qui guidait le défunt dans l'au-delà.

L'invention de l'écriture a eu de profonds effets sur les sociétés humaines. D'une part, cela a permis de préserver les connaissances avec une bien plus grande précision que les traditions orales. Les documents écrits ne reposaient pas sur la mémoire ou sur la performance, ce qui signifiait qu'ils pouvaient rester inchangés pendant des siècles. Cette permanence était particulièrement importante pour les lois, les enseignements religieux et les récits historiques, qui devaient être cohérents et faisant autorité. L'écriture a également permis d'accumuler des connaissances au fil du temps. Les chercheurs pouvaient étudier et s'appuyer sur les travaux de leurs prédécesseurs, conduisant ainsi à des progrès scientifiques, philosophiques et technologiques.

Un autre aspect transformateur de l'écriture était sa capacité à transcender le temps et l'espace. Les traditions orales exigeaient qu'un orateur et un public se trouvent au même endroit au même moment. Les documents écrits, en revanche, pourraient être stockés, copiés et transportés, permettant ainsi au savoir d'atteindre les gens bien au-delà de son point d'origine. Cette capacité à partager des informations à distance était cruciale pour la croissance du commerce, de la gouvernance et des échanges culturels. Par exemple, les lois écrites d'Hammourabi en Mésopotamie fournissaient un cadre juridique cohérent pour tout un empire, tandis que les textes écrits de la Grèce antique et de Rome jetaient les bases de la philosophie et de la littérature occidentales.

Le passage de la transmission des connaissances orales à la transmission écrite n'a pas été immédiat ni universel. Pendant des siècles, les traditions orales et écrites ont coexisté, chacune servant des objectifs différents. Dans de nombreuses cultures, l'écriture était initialement réservée à l'élite – scribes, prêtres et dirigeants – tandis que les traditions orales continuaient à prospérer au sein de la population en général. Même aujourd'hui, les traditions orales demeurent une part importante de nombreuses cultures, complétant les documents écrits et établissant un lien dynamique et vivant avec le passé.

L'évolution des traditions orales vers les documents écrits représente un tournant dans l'histoire de l'humanité. Cela a marqué le début d'une nouvelle ère dans laquelle les connaissances ont pu être préservées, partagées et développées d'une manière qui était auparavant inimaginable. L'écriture a permis aux humains d'aller au-delà des limites de la mémoire et de la performance, créant ainsi une base pour le développement de sociétés complexes, de technologies avancées et de communication mondiale. Pourtant, même si nous célébrons le pouvoir de l'écriture, il est important de garder à l'esprit la richesse et la vitalité des traditions orales, qui continuent de nous rappeler la voix humaine au cœur de tout savoir. Ensemble, ces deux formes de transmission ont façonné l'histoire de l'humanité, garantissant que la sagesse du passé puisse nous guider vers l'avenir.

La connaissance comme capacité de survie, de connexion et d'innovation

La connaissance a toujours été la capacité la plus puissante de l'humanité. C'est le fondement sur lequel reposent notre survie, nos relations et nos progrès. Depuis les premiers jours de l'existence humaine, la connaissance a été la clé pour surmonter les défis, établir des liens et créer de nouvelles possibilités. Ce n'est pas seulement quelque chose que nous acquérons ; c'est quelque chose que nous utilisons – une capacité qui nous permet de nous adapter, de grandir et d'innover. L'histoire du progrès humain est, à la base, l'histoire de la façon dont nous avons utilisé la connaissance pour survivre, nous connecter et transformer le monde qui nous entoure.

Au début, la connaissance était une question de vie ou de mort. Les premiers humains vivaient dans un monde plein de dangers : prédateurs, climats rigoureux et ressources rares. Pour survivre, ils devaient comprendre leur environnement. Ils ont appris quelles plantes étaient comestibles et lesquelles étaient toxiques, comment traquer les animaux pour la chasse et comment trouver de l'eau dans les paysages secs. Cette connaissance n'était pas innée ; il a été acquis grâce à l'observation, aux essais et erreurs et à l'expérience. Par exemple, les premiers humains ont découvert comment faire du feu, une avancée majeure qui apportait chaleur, protection et capacité de cuire des aliments. Le feu était plus qu'un outil : c'était un symbole de la façon dont la connaissance pouvait transformer la survie en quelque chose de plus sûr et plus durable.

Mais la survie n'est pas seulement une question de connaissances individuelles. Les premiers humains ont rapidement réalisé que partager ce qu'ils savaient les rendait plus forts en tant que groupe. Une seule personne peut apprendre à fabriquer une lance, mais en enseignant aux autres, la communauté entière pourrait en bénéficier. Ce partage de connaissances a permis aux humains de nouer des liens sociaux plus forts et de travailler ensemble pour résoudre des problèmes. Par exemple, chasser de gros animaux comme les mammouths nécessitait un travail d'équipe, une stratégie et une communication. En mettant en commun leurs connaissances, les premiers humains pouvaient réaliser des choses qu'aucun individu ne pouvait accomplir seul. Cette capacité à partager et à collaborer est devenue le fondement des liens humains et de la croissance des communautés.

À mesure que les humains ont commencé à vivre en groupes plus importants, le partage des connaissances est devenu encore plus important. Il ne s'agissait plus seulement de survivre, mais de construire une identité et une culture partagées. Des histoires, des chants et des rituels étaient utilisés pour transmettre les connaissances d'une génération à l'autre, garantissant ainsi que la sagesse du passé ne soit pas perdue. Ces connaissances collectives ont aidé les communautés à croître et à prospérer, créant ainsi un sentiment d'appartenance et un but. Par exemple, les peuples autochtones du monde entier utilisent depuis longtemps les traditions orales pour enseigner à leurs enfants la terre, leurs ancêtres et leurs valeurs. Ces traditions ne concernent pas seulement la survie ; il s'agit de connexion, de compréhension de qui nous sommes et de la manière dont nous nous inscrivons dans le monde.

Si la connaissance a aidé les humains à survivre et à se connecter, elle est également devenue le moteur de l'innovation. Tout au long de l'histoire, les humains ont utilisé leurs connaissances pour résoudre des problèmes et créer de nouvelles technologies qui améliorent leur vie. L'un des premiers exemples en est le développement de l'agriculture. Il y a environ 10 000 ans, les humains ont découvert comment cultiver et domestiquer les animaux, transformant ainsi leur mode de vie. Au lieu de dépendre uniquement de la chasse et de la cueillette, ils pouvaient désormais produire leur propre nourriture. Cette innovation a conduit à la croissance des colonies permanentes, à l'essor des civilisations et au développement du commerce et de la gouvernance. L'agriculture n'est pas seulement une avancée technologique ; c'était un témoignage du pouvoir de la connaissance pour remodeler le monde.

Un autre exemple d'innovation fondée sur la connaissance est l'invention de la roue. Bien que cela puisse paraître simple aujourd'hui, la roue était une idée révolutionnaire qui a changé la façon dont les humains transportaient des marchandises et voyageaient. Il a permis la création de charrettes et de chariots, facilitant le déplacement de lourdes charges et la connexion de communautés éloignées. La roue est un parfait exemple de la manière dont la connaissance s'appuie sur elle-même, de la manière dont une idée peut en entraîner d'innombrables autres. Sans le volant, il n'y aurait pas de moyens de transport modernes, ni de voitures, ni d'avions. Chaque innovation est un pas en avant, rendu possible par les connaissances qui l'ont précédé.

Au fil du temps, la connaissance a continué à faire avancer l'humanité. La découverte de l'électricité aux XVIIIe et XIXe siècles en est un autre exemple frappant. Des scientifiques comme Benjamin Franklin, Michael Faraday et Thomas Edison ont utilisé leur compréhension des forces naturelles pour créer des technologies qui ont transformé le monde. L'électricité a apporté de la lumière aux maisons, alimenté les machines et connecté les gens via les télégraphes et les téléphones. Ce fut un tournant dans l'histoire de l'humanité, montrant comment les connaissances pouvaient être exploitées pour créer des modes de vie entièrement nouveaux.

Ce qui rend la connaissance si remarquable, c'est l'interdépendance de ses rôles en matière de survie, de connexion et d'innovation. Chaque aspect renforce les autres. Par exemple, les connaissances nécessaires pour survivre – comme comprendre comment cultiver des aliments – conduisent souvent à des innovations, telles que le développement de systèmes d'irrigation. Ces innovations, à leur tour, renforcent les liens entre les personnes, alors que les communautés travaillent ensemble pour les construire et les entretenir. De même, le partage des connaissances au sein d'une communauté aide non seulement les individus à survivre, mais favorise également la créativité et la collaboration, conduisant à de nouvelles idées et solutions.

Aujourd'hui encore, la connaissance reste le fondement du progrès humain. Dans le monde moderne, nous sommes confrontés à des défis tels que le changement climatique, les pandémies mondiales et les inégalités technologiques. Pour surmonter ces défis, nous devons nous appuyer sur les mêmes principes qui guident l'humanité depuis des milliers d'années : la capacité d'apprendre, de partager et d'innover. Tout comme les premiers humains utilisaient leurs connaissances pour s'adapter à leur environnement, nous devons utiliser les nôtres pour créer un avenir durable et équitable.

Chapitre 2

Comment les histoires ont rapproché les gens

Les origines de la narration

La narration est aussi vieille que l'humanité elle-même. Bien avant l'écriture, avant les villes et les civilisations, les humains racontaient des histoires. C'est grâce à la narration que les premiers humains ont donné un sens à leur monde, partagé des connaissances vitales et construit les liens qui leur ont permis de survivre et de prospérer. À la base, la narration a commencé comme une activité humaine fondamentale, enracinée dans la nécessité de naviguer dans un environnement dangereux et imprévisible tout en favorisant les liens au sein des communautés. Ce n'était pas seulement un moyen de communiquer, c'était un moyen de vivre, de se connecter et de créer du sens.

Aux premiers jours de l'existence humaine, la survie dépendait de la connaissance. Les premiers humains vivaient dans un monde rempli de menaces : prédateurs, conditions climatiques difficiles et ressources rares. Pour survivre, ils devaient comprendre leur environnement et partager cette compréhension avec les autres. La narration est devenue un moyen de transmettre ces informations cruciales. Autour du feu, les aînés pouvaient raconter des histoires de chasses réussies, décrivant où trouver du gibier, comment traquer les animaux et quelles plantes pouvaient être consommées sans danger. Ces histoires n'étaient pas seulement un divertissement ; ils étaient des guides de survie, apprenant à la prochaine génération comment relever les défis de leur monde.

Par exemple, l'histoire d'un chasseur qui s'est aventuré trop près de la fosse aux lions pourrait servir d'avertissement aux autres, leur apprenant à éviter des dangers similaires. Une autre histoire pourrait décrire comment un groupe a travaillé ensemble pour abattre un gros animal, en soulignant l'importance de la coopération et de la stratégie. Ces premières histoires étaient pratiques, mais elles étaient aussi mémorables. En intégrant des leçons dans les récits, les premiers humains ont veillé à ce que des connaissances importantes ne soient pas oubliées. Une simple liste de faits peut être difficile à retenir, mais une histoire avec des personnages, des émotions et un dénouement clair peut rester gravée dans l'esprit pendant des années.

Mais la narration n'était pas seulement une question de survie : elle était aussi une question de connexion. Les humains sont des créatures sociales et raconter des histoires est devenu un moyen de rassembler les gens. Autour du feu, dans la sécurité du groupe, les histoires ont créé une expérience partagée. Ils donnaient aux gens un sentiment d'appartenance, le sentiment qu'ils faisaient partie de quelque chose de plus grand qu'eux-mêmes. Grâce au récit, les premiers humains pouvaient exprimer leurs peurs, leurs espoirs et leurs rêves, créant ainsi des liens qui renforçaient leurs communautés.

Les peintures rupestres, parmi les premières formes de narration, offrent un aperçu de cette pratique ancienne. Trouvées dans des endroits comme Lascaux en France et Altamira en Espagne, ces peintures représentent des animaux, des chasses et des symboles mystérieux. Bien que nous ne puissions que deviner leur signification exacte, il est clair qu'ils constituaient un moyen pour les premiers humains de communiquer et de préserver leurs expériences. Peut-être étaient-ils utilisés pour enseigner les techniques de chasse ou pour honorer les animaux qui fournissaient de la nourriture et des vêtements. Quel que soit leur objectif, ces peintures montrent que la narration était déjà profondément ancrée dans la culture humaine il y a des dizaines de milliers d'années.

À mesure que les humains évoluaient, leurs histoires évoluaient également. Au fil du temps, la narration est devenue plus qu'un simple moyen de partager des connaissances pratiques : c'est devenu un moyen de transmettre des valeurs, des traditions et des croyances. Des traditions orales ont émergé, avec des histoires racontées et répétées à travers les générations. Ces histoires prenaient souvent la forme de mythes et de légendes, expliquant les origines du monde, les forces de la nature et les règles de la société. Par exemple, de nombreuses cultures autochtones ont des récits de création qui décrivent comment le monde est né et la place de l'humanité en son sein. Ces histoires n'étaient pas seulement des explications ; c'était une façon d'apprendre aux gens comment vivre, comment respecter la terre et comment se traiter les uns les autres.

La narration a également favorisé l'empathie et la compréhension. En écoutant l'histoire de quelqu'un d'autre, les gens pourraient se mettre à leur place et vivre leurs joies et leurs difficultés. Cette capacité à voir le monde à travers les yeux d'autrui a contribué à instaurer la confiance et la coopération au sein des communautés. Par exemple, l'histoire d'un héros qui s'est sacrifié pour le bien du groupe pourrait inciter les autres à agir de manière altruiste. L'histoire d'un filou qui a causé des ennuis peut servir d'avertissement contre l'égoïsme ou la tromperie. Grâce à la narration, les gens pourraient explorer des émotions complexes et des dilemmes moraux, apprenant non seulement comment survivre, mais aussi comment vivre ensemble.

Le pouvoir de la narration pour connecter les gens s'étend au-delà des communautés individuelles. Lorsque les humains ont commencé à voyager et à faire du commerce, ils ont partagé leurs histoires avec les autres, diffusant ainsi leurs connaissances et leurs idées à travers les cultures. Une histoire racontée dans un village pouvait inspirer une histoire similaire dans un autre, créant ainsi un réseau de récits partagés s'étendant sur de grandes distances. Cet échange d'histoires a contribué à créer des ponts entre différents groupes, favorisant la compréhension et la collaboration.

Aujourd'hui encore, les origines de la narration peuvent être vues dans la façon dont nous communiquons et connectons. Les histoires modernes, qu'elles soient racontées à travers des livres, des films ou des conversations, servent toujours les mêmes objectifs fondamentaux que celles de nos ancêtres. Ils nous enseignent, nous inspirent et nous rassemblent. Ils nous rappellent notre humanité commune et notre capacité à surmonter les défis grâce à la coopération et à la créativité.

Traditions orales à travers les cultures

Les traditions orales sont l'élément vital des cultures du monde entier depuis des milliers d'années. Bien avant l'invention de l'écriture, les gens comptaient sur la parole pour préserver leur histoire, enseigner des leçons importantes et transmettre leurs valeurs. Ces traditions étaient plus qu'un simple moyen de partager des informations : elles constituaient un moyen de maintenir une culture vivante, de garantir que son identité, sa sagesse et son esprit perduraient à travers les générations. Grâce aux récits, aux chants, aux proverbes et aux rituels, les traditions orales sont devenues une puissante capacité d'enseignement, de connexion et d'unification des communautés.

À la base, les traditions orales étaient une question de continuité. Ils permettaient aux gens de transmettre des connaissances d'une manière accessible à tous, qu'ils sachent lire ou écrire. Les aînés, les conteurs et les chefs spirituels sont devenus les gardiens de ce savoir, veillant à ce qu'il soit partagé avec les jeunes générations. Ces traditions ne concernaient pas seulement des faits ou des événements ; il s'agissait de sens. Ils ont appris aux gens comment vivre, comment se comporter les uns avec les autres et comment comprendre leur place dans le monde. De cette manière, les traditions orales concernaient autant les valeurs et l'identité que l'histoire.

L'un des exemples les plus frappants de traditions orales se trouve en Afrique de l'Ouest, où les griots – historiens de la tradition orale, poètes et musiciens – ont joué un rôle central dans la préservation de l'histoire et de la culture de leurs communautés. Les griots sont plus que des conteurs ; ce sont des archives vivantes, portant dans leur esprit et dans leur voix la mémoire de leur peuple. À travers des contes épiques, des généalogies et des chants, les griots racontent les actes des ancêtres, l'ascension et la chute des royaumes et les leçons tirées du passé. Par exemple, le *Épopée de Soundiata*, qui raconte l'histoire de la fondation de l'Empire du Mali, est transmise oralement depuis des siècles, préservant non seulement l'histoire d'un grand leader mais aussi les valeurs de courage, de persévérance et d'unité.

Dans les Amériques, les peuples autochtones s'appuient depuis longtemps sur les traditions orales pour préserver leur histoire, leurs croyances spirituelles et leurs pratiques culturelles. Ces traditions prennent souvent la forme d'histoires expliquant les origines du monde, les forces de la nature et les relations entre les humains et l'environnement. Par exemple, la Confédération des Haudenosaunee (Iroquois) possède une tradition orale connue sous le nom de Grande Loi de la Paix, qui raconte comment son peuple s'est réuni pour former une société unie et harmonieuse. Cette histoire n'est pas seulement un récit historique ; c'est un guide de gouvernance et un rappel des valeurs de paix, de coopération et de respect.

Les traditions orales ont également joué un rôle vital dans la Grèce antique et en Inde, où des poèmes épiques comme celui d'Homère *Iliade* et *Odyssée* et l'Indien *Mahabharata* et *Ramayana* ont été composés et interprétés oralement bien avant d'être écrits. Ces épopées étaient plus qu'un simple divertissement ; c'était un moyen d'enseigner des leçons de morale, d'explorer la nature humaine et de renforcer l'identité culturelle. Par exemple, le *Mahabharata* contient des histoires qui abordent des dilemmes éthiques complexes, tels que le conflit entre le devoir et le désir personnel, tandis que le *Odyssée* explore les thèmes de la loyauté, de la persévérance et de l'importance du foyer. Ces histoires ont été récitées par des artistes talentueux qui ont utilisé le rythme, la répétition et des images vives pour les rendre mémorables et percutantes.

Les proverbes et les dictons constituent un autre aspect important des traditions orales. Dans toutes les cultures, les proverbes ont été utilisés pour transmettre la sagesse de manière concise et mémorable. Dans les cultures africaines, par exemple, des proverbes comme « Il faut tout un village pour élever un enfant » résument les valeurs de communauté et de responsabilité collective. Dans la culture chinoise, des proverbes tels que « Un voyage de mille kilomètres commence par un seul pas » mettent l'accent sur la patience et la persévérance. Ces phrases courtes et puissantes sont faciles à retenir et à transmettre, ce qui en fait un moyen efficace d'enseigner des valeurs et de guider le comportement.

Les rituels et les cérémonies jouent également un rôle clé dans les traditions orales. Dans de nombreuses cultures, les événements importants comme les naissances, les mariages et les récoltes sont marqués par des rituels comprenant des chants, des chants et des histoires. Ces rituels ne sont pas de simples célébrations ; ils constituent un moyen de renforcer les valeurs partagées et de connecter les gens à leur patrimoine culturel. Par exemple, dans les cultures polynésiennes, les traditions orales sont souvent intégrées à des cérémonies qui honorent les ancêtres et le monde naturel, créant ainsi un sentiment de continuité et d'appartenance.

L'un des aspects les plus remarquables des traditions orales est leur capacité à s'adapter et à évoluer tout en préservant l'essence d'une culture. Parce qu'elles sont transmises par le biais des performances, les traditions orales peuvent être adaptées pour répondre aux besoins du public ou au contexte de l'époque. Cette flexibilité leur a permis de rester pertinents et significatifs, même face au changement. Dans le même temps, les traditions orales nécessitent une participation active. Ce ne sont pas des enregistrements statiques ; ce sont des pratiques vivantes qui dépendent de la mémoire, de la créativité et de l'engagement des personnes qui les font avancer.

Les traditions orales ont également constitué une force unificatrice, favorisant un sentiment d'appartenance et de cohésion sociale. En partageant des histoires, des chansons et des rituels, les gens créent une expérience partagée qui renforce leurs liens et renforce leur identité en tant que communauté. Ceci est particulièrement important dans les sociétés sans documents écrits, où les traditions orales constituent le principal moyen de préservation et de transmission du patrimoine culturel. Même à l'époque moderne, les traditions orales continuent de jouer un rôle vital dans de nombreuses communautés, nous rappelant le pouvoir de la parole pour connecter, inspirer et soutenir.

Contes épiques et valeurs partagées

Les contes épiques ont toujours été plus que de simples histoires. Ils sont le miroir des sociétés qui les ont créés, reflétant leurs valeurs, leurs croyances et leurs aspirations. Du monde antique de la Grèce aux cours médiévales d'Europe, les contes épiques ont constitué un puissant moyen de transmission de valeurs partagées, de préservation de l'identité culturelle et d'enseignement de morale. Ces histoires, remplies de héros plus grands que nature, de grandes aventures et de luttes intemporelles, n'étaient pas seulement une source de divertissement mais aussi un moyen d'inspirer, d'éduquer et d'unir les gens à travers les générations.

Dans la Grèce antique, des contes épiques comme *L'Iliade* et *L'Odyssée* par Homère étaient au cœur du tissu culturel et moral de la société. Ces histoires étaient récitées par des bardes et transmises oralement bien avant d'être écrites, garantissant ainsi que leurs leçons atteignaient un large public. *L'Iliade* raconte l'histoire de la guerre de Troie, en se concentrant sur les thèmes de l'héroïsme, de l'honneur et des conséquences de la fierté. En son cœur se trouve le personnage d'Achille, un guerrier dont la force et le courage sont inégalés mais dont la colère et l'orgueil mènent à la tragédie. À travers le voyage d'Achille, les Grecs ont exploré les complexités de la nature humaine, l'importance de la maîtrise de soi et le coût de la gloire personnelle.

De la même manière, *L'Odyssée* suit les aventures d'Ulysse alors qu'il lutte pour rentrer chez lui après la guerre de Troie. Son parcours est rempli de défis qui mettent à l'épreuve son intelligence, sa résilience et sa loyauté. Ulysse n'est pas seulement un héros en raison de sa force ; c'est un héros en raison de son intelligence et de sa détermination. L'histoire met l'accent sur les valeurs de persévérance, de famille et d'aspiration au foyer, qui ont profondément touché le peuple grec. Ces épopées n'étaient pas seulement des récits de héros individuels : elles reflétaient les valeurs collectives de la société grecque, enseignant des leçons sur le courage, la loyauté et la condition humaine.

L'influence de ces épopées grecques s'est étendue bien au-delà de leur époque, façonnant les traditions narratives des cultures ultérieures. Dans l'Europe médiévale, les récits épiques ont pris de nouvelles formes, reflétant les valeurs et les défis d'une autre époque. Des histoires comme *Beowulf*, *La chanson de Roland*, et les légendes arthuriennes sont devenues les pierres angulaires de la littérature médiévale, incarnant les idéaux de chevalerie, de loyauté et de foi qui définissaient cette période.

Beowulf, l'une des œuvres les plus anciennes de la littérature anglaise, raconte l'histoire d'un héros qui combat des monstres et des dragons pour protéger son peuple. Le courage et l'altruisme de Beowulf sont célébrés, mais l'histoire explore également le caractère inévitable de la mort et la nature éphémère des réalisations humaines. À travers les actes de Beowulf, le récit renforce les valeurs de courage, d'honneur et la responsabilité des dirigeants de protéger leurs communautés. Dans le même temps, il reflète la tension entre les traditions païennes et l'influence croissante du christianisme, montrant comment les récits épiques pouvaient s'adapter à des paysages culturels changeants.

En France, *La chanson de Roland* est devenu une épopée déterminante de la période médiévale. Basée sur l'historique bataille du col de Roncevaux, l'histoire célèbre la loyauté et le sacrifice de Roland, un chevalier mort en défendant son roi et sa foi. Le conte est rempli de thèmes de fidélité, de dévotion religieuse et de lutte entre le bien et le mal, reflétant les valeurs d'une société profondément façonnée par la féodalité et les croisades. La loyauté inébranlable de Roland envers son roi et sa volonté de mourir pour ses convictions ont fait de lui une figure idéalisée de la chevalerie médiévale, inspirant les chevaliers et les nobles à défendre des vertus similaires.

Les légendes arthuriennes, originaires de Grande-Bretagne et répandues à travers l'Europe, offraient une riche tapisserie d'histoires sur le roi Arthur, les chevaliers de la Table ronde et la quête du Saint Graal. Ces contes combinaient des éléments d'histoire, de mythe et de romance, créant un monde où les idéaux de chevalerie, de justice et d'honneur prenaient vie. Des personnages comme Sir Lancelot, Sir Gauvain et la reine Guenièvre incarnaient la complexité des relations humaines, explorant les thèmes de l'amour, de la trahison et de la rédemption. Les légendes arthuriennes n'étaient pas seulement des récits d'aventures ; ils étaient des guides moraux, enseignaient des leçons sur le leadership, la loyauté et la poursuite d'un objectif supérieur.

Si les traditions épiques de la Grèce antique et de l'Europe médiévale ont été façonnées par des contextes culturels différents, elles partageaient un objectif commun : inspirer et unir leurs publics en reflétant les valeurs et les idéaux de leurs sociétés. Les deux traditions utilisaient des héros plus grands que nature pour explorer des thèmes universels, tels que la lutte entre le bien et le mal, l'importance de la loyauté et la recherche de sens dans un monde chaotique. Cependant, il existe également des différences essentielles. Les épopées grecques se concentraient souvent sur l'héroïsme individuel et la tension entre les désirs personnels et les attentes de la société, tandis que les épopées médiévales mettaient l'accent sur les valeurs collectives, telles que la loyauté envers son seigneur, la dévotion à Dieu et les responsabilités de la chevalerie.

Malgré ces différences, les deux traditions ont compris le pouvoir du récit pour façonner l'identité et favoriser un sentiment d'appartenance. Les contes épiques n'étaient pas seulement un divertissement ; ils étaient un moyen de préserver l'histoire, d'enseigner des leçons de morale et de renforcer les valeurs communes qui unissaient les sociétés ensemble. Ils rappelaient aux gens leur passé, les incitaient à lutter pour la grandeur et procuraient un sentiment de continuité dans un monde en constante évolution.

La narration comme capacité d'empathie et de changement social

La narration a toujours été l'une des capacités les plus puissantes de l'humanité. C'est à travers les histoires que nous nous connectons, nous comprenons et sympathisons les uns avec les autres. Les histoires nous permettent d'entrer dans le monde de quelqu'un d'autre, de voir la vie à travers ses yeux et de ressentir ses joies, ses peurs et ses difficultés. Cette capacité à susciter l'empathie est ce qui fait de la narration une telle force de transformation. Tout au long de l'histoire, les histoires nous ont non seulement aidés à mieux nous comprendre les uns les autres, mais elles ont également remis en question les normes sociétales, inspiré des mouvements et entraîné des changements sociaux significatifs.

Au fond, la narration est une question de connexion. Lorsque nous entendons une histoire, nous sommes transportés dans les expériences des autres. Nous ressentons leurs émotions, comprenons leurs défis et voyons le monde de leur point de vue. Cette capacité à créer de l'empathie est ce qui rend la narration si unique. Cela brise les barrières et nous permet d'entrer en relation avec des personnes qui peuvent sembler très différentes de nous. Par exemple, l'histoire d'une famille aux prises avec la pauvreté peut aider quelqu'un qui n'a jamais connu de difficultés à comprendre la douleur et la résilience de ceux qui la vivent au quotidien. En rendant familier l'inconnu, la narration crée des ponts entre les gens et favorise la compassion.

Ce pouvoir de la narration pour susciter l'empathie a été utilisé tout au long de l'histoire pour contester l'injustice et inspirer le changement. L'un des exemples les plus célèbres est le roman d'Harriet Beecher Stowe. *La Case de l'oncle Tom.* Publié en 1852, le livre racontait l'histoire des esclaves aux États-Unis, exposant les réalités brutales de l'esclavage à des lecteurs qui n'en étaient peut-être pas conscients ou qui étaient indifférents. Grâce à ses personnages vivants et à son récit émotionnel, le livre a humanisé le sort des individus asservis et a ému la conscience d'une nation. On raconte que lorsque le président Abraham Lincoln a rencontré

Stowe, il l'a qualifiée de « la petite dame qui a déclenché cette grande guerre », soulignant le rôle que son histoire a joué dans la galvanisation du mouvement abolitionniste.

La narration est également une capacité vitale pour les communautés marginalisées de préserver leurs luttes, leurs rêves et leur identité. Dans de nombreuses cultures, les traditions orales de narration ont été utilisées pour transmettre des histoires et des expériences qui autrement auraient pu être effacées ou oubliées. Par exemple, à l'époque de l'esclavage aux États-Unis, les esclaves utilisaient des chansons et des histoires pour partager leur douleur, leur espoir et leur résistance. Des textes spirituels comme « Go Down, Moses » véhiculent des messages cachés de libération, tandis que les contes populaires sur des escrocs intelligents comme Br'er Rabbit symbolisent la résilience et l'ingéniosité des opprimés. Ces histoires n'étaient pas seulement un moyen de survivre : elles étaient un moyen de résister, d'affirmer l'humanité et d'imaginer un avenir meilleur.

En Afrique du Sud, la narration a joué un rôle crucial dans la lutte contre l'apartheid. Des écrivains comme Nadine Gordimer et Alan Paton ont utilisé leurs romans pour dénoncer les injustices de la ségrégation raciale, tandis que les traditions orales des communautés noires entretenaient l'esprit de résistance. Des histoires de lutte et de triomphe ont été partagées lors de rassemblements secrets, inspirant les gens à poursuivre la lutte pour la liberté. Ces récits ont contribué à unir les communautés, à maintenir l'espoir et, en fin de compte, à contribuer au démantèlement d'un système oppressif.

La capacité du récit à susciter le changement social ne se limite pas au passé. À l'époque moderne, les histoires continuent d'être un puissant outil de plaidoyer et de sensibilisation. Les livres, les films et les médias numériques sont devenus des plateformes permettant d'amplifier les voix et d'aborder des problèmes tels que les inégalités, la discrimination et la destruction de l'environnement. Par exemple, le roman *Le coureur de cerf-volant* de Khaled Hosseini a attiré l'attention du monde entier sur les luttes des réfugiés afghans, tandis que le film *12 ans d'esclave* a offert un portrait poignant de l'esclavage qui a relancé les conversations sur l'injustice raciale. Des documentaires comme *Une vérité qui dérange* ont utilisé le récit pour sensibiliser au changement climatique, transformant une question scientifique complexe en un appel personnel et urgent à l'action.

Les médias numériques ont encore élargi la portée et l'impact de la narration. Les plateformes de médias sociaux comme Twitter, Instagram et TikTok sont devenues des espaces où les individus peuvent partager leurs histoires avec le monde, suscitant souvent des mouvements et des conversations. Le mouvement #MeToo, par exemple, a commencé avec des survivantes de harcèlement et d'agressions sexuelles partageant leurs expériences personnelles en ligne. Ces histoires ont créé une vague d'empathie et de solidarité, conduisant à des changements culturels et institutionnels généralisés. De la même manière, le mouvement Black Lives Matter a utilisé le récit – à travers des vidéos, des publications et des œuvres d'art – pour mettre en lumière les réalités du racisme systémique et de la brutalité policière, mobilisant des millions de personnes à travers le monde pour exiger justice.

Ce qui rend la narration si efficace pour susciter le changement social, c'est sa capacité à personnaliser des questions abstraites. Les statistiques et les faits sont importants, mais ils ne parviennent souvent pas à émouvoir les gens de la même manière qu'une histoire. Une seule histoire sur le parcours d'un réfugié peut susciter plus d'empathie et d'action qu'un rapport rempli de chiffres. En effet, les histoires engagent nos émotions et nous amènent à nous soucier profondément des personnes et des problèmes qu'elles décrivent. Ils nous rappellent que derrière chaque statistique se cache un être humain avec des espoirs, des peurs et des rêves.

La narration a également le pouvoir de remettre en question les normes sociétales et d'élargir notre compréhension de ce qui est possible. En imaginant de nouveaux mondes et de nouvelles possibilités, les histoires peuvent nous inciter à penser différemment et à envisager un avenir meilleur. Par exemple, des histoires de science-fiction comme *Star Trek* ont exploré les thèmes de l'égalité, de la diversité et de la coopération, inspirant les générations à lutter pour un monde plus inclusif et plus harmonieux. De même, des romans comme *Pour tuer un oiseau moqueur* de Harper Lee ont mis les lecteurs au défi de confronter leurs propres préjugés et de défendre la justice.

À la base, la narration est une question d'empathie. Il s'agit de voir le monde à travers les yeux de quelqu'un d'autre et de ressentir ses joies et ses peines comme s'il s'agissait des nôtres. Cette empathie est le moteur du changement social, car elle nous amène à nous soucier de problèmes qui ne nous affectent pas directement. Cela nous motive à agir, à défendre les autres et à œuvrer pour un monde plus juste et plus compatissant.

Narration moderne : des livres aux médias sociaux

La narration a toujours été au cœur de la communication humaine, évoluant parallèlement aux capacités et aux technologies que nous utilisons pour partager nos expériences. À l'époque moderne, la narration a subi une transformation remarquable, passant des pages des livres aux écrans des appareils numériques. Alors que les livres restent un moyen intemporel et puissant de transmission de récits complexes et de préservation du patrimoine culturel, l'essor des médias sociaux a introduit de nouvelles façons de raconter des histoires, des manières immédiates, interactives et accessibles aux personnes du monde entier. Cette évolution a élargi la portée et l'impact de la narration, mais elle a également apporté de nouveaux défis, remodelant la façon dont nous nous connectons, apprenons et partageons à l'ère numérique.

Les livres constituent depuis longtemps l'une des formes de narration les plus durables et les plus influentes. Ils permettent aux auteurs de créer des mondes détaillés, d'explorer des personnages complexes et d'approfondir des thèmes qui trouvent un profond écho auprès des lecteurs. Un livre peut transporter quelqu'un à un autre moment ou dans un autre lieu, offrant une expérience immersive qui encourage la réflexion et l'imagination. Pendant des siècles, les livres ont été un moyen de préserver le patrimoine culturel, de transmettre des connaissances et d'inspirer le changement. Fonctionne comme *Pour tuer un oiseau moqueur* par Harper Lee, *1984* par George Orwell, et *Les choses s'effondrent* de Chinua Achebe ont façonné la façon dont les gens perçoivent la justice, la liberté et l'identité. Les livres donnent aux lecteurs le temps et l'espace nécessaires pour approfondir leurs idées, ce qui en fait un puissant moyen de narration qui perdure même à l'ère numérique.

Cependant, la façon dont nous racontons et consommons les histoires a radicalement changé avec l'essor de la technologie numérique. Les plateformes de médias sociaux comme Instagram, Twitter, TikTok et YouTube ont révolutionné la narration, la rendant plus immédiate et interactive. Contrairement aux livres, qui nécessitent du temps et de la concentration, les médias sociaux permettent de partager des histoires en temps réel, souvent dans des formats réduits faciles à consommer. Un seul tweet peut raconter une histoire en 280 caractères, tandis qu'une vidéo TikTok peut capturer un moment ou une idée en moins d'une minute. Ces plateformes ont démocratisé la narration, donnant à chacun la possibilité de partager sa voix et d'atteindre un public mondial.

L'un des avantages les plus importants de la narration moderne sur les réseaux sociaux est son accessibilité. Dans le passé, publier un livre ou produire un film nécessitait des ressources et des connexions hors de portée pour la plupart des gens. Aujourd'hui, toute personne disposant d'un smartphone et d'une connexion Internet peut partager son histoire avec le monde. Cela a donné naissance à une diversité de voix qui étaient souvent exclues des médias traditionnels. Par exemple, des militants ont utilisé les médias sociaux pour partager leurs expériences et sensibiliser à des questions importantes. Le mouvement #MeToo, né d'histoires personnelles partagées sur Twitter, s'est transformé en une conversation mondiale sur le harcèlement et les agressions sexuelles. De même, lors des manifestations Black Lives Matter, des vidéos et des publications sur des plateformes comme Instagram et TikTok ont attiré l'attention sur le racisme systémique et la brutalité policière, mobilisant des millions de personnes à travers le monde.

Les réseaux sociaux ont également rendu la narration plus interactive. Contrairement aux livres, qui constituent une forme de communication à sens unique, les plateformes numériques permettent un retour d'information et un engagement immédiats. Une histoire partagée sur Instagram peut déclencher une conversation dans les commentaires, tandis qu'une vidéo YouTube peut inciter les téléspectateurs à créer leur propre contenu en réponse. Cette interactivité a créé un sentiment de communauté autour de la narration, où les gens peuvent se connecter, collaborer et partager leurs points de vue. Par exemple, pendant la pandémie de COVID-19, les gens ont utilisé des plateformes comme TikTok pour partager leurs expériences de confinement, créant ainsi un récit collectif qui a aidé les autres à se sentir moins seuls.

Malgré ses nombreux avantages, la narration moderne sur les réseaux sociaux comporte également des défis. L'une des plus grandes préoccupations est le potentiel de désinformation. Étant donné que les informations diffusées sur les réseaux sociaux peuvent se propager rapidement, les récits faux ou trompeurs peuvent gagner du terrain avant d'avoir été vérifiés. Cela a de sérieuses implications sur la façon dont les gens comprennent et réagissent aux questions importantes. Un autre défi est la simplification excessive des histoires complexes. Même si les courtes vidéos et publications sont attrayantes, elles manquent souvent de la profondeur et des nuances des formes de narration plus longues, comme les livres ou les documentaires. Cela peut conduire à une compréhension superficielle de sujets importants, où l'accent est mis sur des réactions rapides et émotionnelles plutôt que sur une réflexion réfléchie.

De plus, l'évolution rapide des médias sociaux peut rendre difficile l'impact durable des articles. Une publication virale peut attirer l'attention pendant un jour ou deux, mais elle peut rapidement être oubliée à mesure qu'un nouveau contenu prend sa place. Cela contraste avec les livres, qui ont la capacité de perdurer pendant des générations, façonnant la culture et la pensée au fil du temps. Le défi pour les conteurs modernes est de trouver des moyens d'équilibrer l'immédiateté des médias sociaux avec la profondeur et la longévité du récit traditionnel.

Malgré ces défis, la narration moderne continue de façonner la culture et de connecter les gens de manière profonde. Les réseaux sociaux ont donné naissance à de nouvelles formes de créativité, des essais photo sur Instagram aux tendances de narration sur TikTok. Cela a également rendu la narration plus inclusive, amplifiant les voix qui étaient autrefois marginalisées. Par exemple, les créateurs autochtones ont utilisé des plateformes comme YouTube et TikTok pour partager leurs traditions, leur histoire et leurs perspectives avec un public mondial, préservant ainsi leur patrimoine culturel dans un format moderne. De la même manière, les personnes LGBTQ+ ont utilisé les réseaux sociaux pour raconter leur histoire, favorisant ainsi la compréhension et l'acceptation dans les communautés du monde entier.

À bien des égards, l'évolution de la narration, des livres aux médias sociaux, reflète l'évolution des façons dont nous communiquons et connectons en tant que société. Alors que les livres restent un support essentiel pour une narration approfondie et réfléchie, les médias sociaux ont ouvert de nouvelles possibilités de partage d'histoires immédiates, interactives et de grande portée. Ensemble, ces formes de narration se complètent, offrant différentes manières d'interagir avec le monde et les uns avec les autres.

Chapitre 3

Le pouvoir de l'écriture pour changer le monde

L'invention de l'écriture

L'invention de l'écriture constitue l'une des réalisations les plus transformatrices de l'histoire de l'humanité. Cela a marqué le moment où l'humanité est passée d'une dépendance uniquement basée sur la mémoire et les traditions orales à l'enregistrement des connaissances sous une forme permanente et tangible. L'écriture a permis aux gens de préserver leurs pensées, de communiquer à travers le temps et l'espace et de jeter les bases de sociétés complexes. Parmi les systèmes d'écriture les plus anciens et les plus influents figuraient le cunéiforme, développé par les Sumériens en Mésopotamie, et les hiéroglyphes, créés par les anciens Égyptiens. Ces systèmes ont non seulement révolutionné la manière dont les informations étaient stockées et partagées, mais ont également façonné les identités culturelles des civilisations qui les utilisaient.

Les origines de l'écriture remontent aux besoins pratiques des premières sociétés. À mesure que les humains sont passés de petits groupes nomades à des communautés plus grandes et sédentaires, ils ont commencé à se livrer à des activités qui nécessitaient la tenue de registres. Le commerce, par exemple, est devenu plus complexe à mesure que les gens échangeaient des marchandises sur de longues distances. Les agriculteurs devaient suivre les récoltes, les commerçants devaient enregistrer les transactions et les dirigeants devaient faire respecter les lois et percevoir les impôts. La communication orale et la mémoire ne suffisent plus à elles seules à répondre à ces demandes croissantes. Ce besoin d'organisation et de responsabilisation a conduit à la création de systèmes symboliques capables de représenter l'information de manière cohérente et durable.

Le premier système d'écriture connu, le cunéiforme, est apparu vers 3 100 avant notre ère en Mésopotamie, dans la région qui est aujourd'hui l'Irak. Il a été développé par les Sumériens, l'une des premières civilisations du monde. Le mot « cunéiforme » vient du latin *coin*, signifiant « coin », car l'écriture était réalisée en appuyant un stylet en forme de coin sur des tablettes d'argile molle. Initialement, le cunéiforme était utilisé à des fins pratiques, telles que l'enregistrement des transactions commerciales et des inventaires. Par exemple, un commerçant peut utiliser le cunéiforme pour documenter le nombre de moutons ou de sacs de céréales échangés dans le cadre d'un commerce.

Au fil du temps, le cunéiforme a évolué vers un système plus sophistiqué capable d'exprimer des idées complexes. Cela a commencé comme une série de pictogrammes – de simples dessins représentant des objets ou des concepts – mais s'est progressivement développé en un système de symboles abstraits pouvant représenter des sons, des syllabes et des mots. Cela a permis d'écrire non seulement des listes et des chiffres, mais aussi des histoires, des lois et des textes religieux. L'un des exemples les plus célèbres d'écriture cunéiforme est le *Épopée de Gilgamesh*, l'une des œuvres littéraires connues les plus anciennes au monde. Ce poème épique, inscrit sur des tablettes d'argile, raconte l'histoire d'un roi héroïque et explore les thèmes de l'amitié, de la mortalité et de la recherche de sens.

Tandis que le cunéiforme se développait en Mésopotamie, un autre système d'écriture remarquable prenait forme dans l'Egypte ancienne. Vers 3 100 avant notre ère, les Égyptiens ont commencé à utiliser les hiéroglyphes, un système d'écriture combinant des symboles picturaux et des éléments phonétiques. Le mot « hiéroglyphe » vient du grec *hiéros* (sacré) et *glyphein* (sculpter), reflétant l'association du système avec des objectifs religieux et cérémoniels. Contrairement au cunéiforme, qui était principalement écrit sur des tablettes d'argile, les hiéroglyphes étaient souvent gravés dans la pierre ou écrits sur du papyrus, un type de papier fabriqué à partir de la plante papyrus.

Les hiéroglyphes étaient très polyvalents, capables de représenter des sons, des mots et des idées. Par exemple, un seul hiéroglyphe peut représenter un oiseau, qui pourrait représenter le mot « oiseau », le son associé au mot ou un concept plus abstrait comme « liberté ». Cette flexibilité a permis aux Égyptiens d'utiliser les hiéroglyphes à des fins très diverses, depuis l'enregistrement des actes des pharaons sur les murs des temples jusqu'à l'écriture de prières et de sorts dans le *Livre des morts*, un recueil de textes destinés à guider le défunt dans l'au-delà.

Même si les caractères cunéiformes et hiéroglyphes étaient révolutionnaires, ils différaient par leur structure et leur utilisation. Le cunéiforme était plus abstrait et utilitaire, ce qui le rendait bien adapté aux tâches administratives et à l'enregistrement des lois, comme le Code d'Hammourabi, l'un des premiers codes juridiques connus. Les hiéroglyphes, quant à eux, étaient profondément liés à la religion et à la culture égyptiennes, souvent utilisés pour glorifier les dieux et commémorer les réalisations des dirigeants. Malgré ces différences, les deux systèmes servaient le même objectif fondamental : préserver les connaissances et assurer la continuité de leurs civilisations.

L'invention de l'écriture a eu de profondes répercussions sur la société humaine. Cela a permis la création de gouvernements complexes, dans la mesure où les dirigeants pouvaient émettre des lois et des décrets écrits cohérents et exécutoires. Il a facilité le commerce et la croissance économique en fournissant un moyen fiable d'enregistrer les transactions et les contrats. Cela a également permis la préservation du patrimoine culturel, car les histoires, les croyances religieuses et les événements historiques pouvaient être enregistrés et transmis de génération en génération. Sans l'écriture, une grande partie de ce que nous savons sur les civilisations anciennes aurait été perdue avec le temps.

Peut-être plus important encore, l'écriture a transformé la façon dont les humains envisagent la connaissance et la communication. Cela a permis de partager des idées sur de vastes distances et de les préserver pour les générations futures, créant ainsi un sentiment de continuité et de connexion qui transcendait le temps et le lieu. Les tablettes d'argile de Mésopotamie et les sculptures sur pierre d'Égypte ne sont pas de simples artefacts ; ils sont des fenêtres sur l'esprit et la vie de personnes qui ont vécu il y a des milliers d'années.

À bien des égards, l'invention de l'écriture a marqué le début de l'histoire elle-même. Avant l'écriture, les connaissances étaient transmises oralement et une grande partie était perdue ou altérée au fil du temps. Grâce à l'écriture, les humains ont acquis la capacité de créer un enregistrement permanent de leurs réalisations, de leurs croyances et de leurs histoires. Cette invention a jeté les bases du développement de la littérature, de la science, de la philosophie et d'innombrables autres domaines de l'activité humaine.

L'écriture comme catalyseur de la civilisation

L'invention de l'écriture a été l'une des étapes les plus transformatrices de l'histoire de l'humanité. Ce n'était pas seulement un moyen d'enregistrer des informations ; c'est devenu le fondement sur lequel les civilisations se sont construites. L'écriture a permis aux sociétés de créer des lois, d'organiser le commerce et d'établir des systèmes de gouvernance capables de gérer de grandes populations et des économies complexes. Il s'agissait d'un moyen de préserver les connaissances, de renforcer la responsabilité et de communiquer dans le temps et dans l'espace. Sans l'écriture, la croissance des civilisations telles que nous les connaissons aurait été impossible. C'est cette capacité qui a transformé des communautés dispersées en sociétés organisées, jetant les bases du développement de la culture, du commerce et du gouvernement.

L'une des façons les plus significatives par lesquelles l'écriture a façonné la civilisation a été la création et l'application de lois. Avant l'écriture, les règles et coutumes étaient transmises oralement, ce qui les rendait vulnérables aux interprétations erronées ou aux manipulations. L'écriture a changé la donne en fournissant un registre permanent et immuable des lois auxquelles chacun pouvait se référer. L'un des exemples les plus anciens et les plus célèbres est le Code d'Hammourabi, créé vers 1750 avant notre ère en Mésopotamie. Cet ensemble de lois, inscrit sur une grande stèle de pierre, définissait des règles pour tout, depuis les conflits commerciaux et immobiliers jusqu'au mariage et au comportement criminel. Il a également établi des sanctions claires en cas de violation de ces lois, garantissant ainsi que la justice soit cohérente et transparente.

Le Code d'Hammourabi était révolutionnaire car il introduisait l'idée que les lois devaient être écrites et accessibles au public. Cela a non seulement fourni une structure et de l'ordre à la société, mais a également renforcé l'idée d'équité. Les gens ne pouvaient plus prétendre ignorer les règles, et les dirigeants ne pouvaient plus les modifier arbitrairement. L'écriture a fait des lois un cadre commun que chacun, du roi au roturier, était censé suivre. Ce concept de lois écrites est devenu la pierre angulaire de la civilisation, influençant les systèmes juridiques des cultures du monde entier.

L'écriture a également révolutionné le commerce, essentiel à la croissance des premières économies. À mesure que les sociétés se développaient, le commerce devenait plus complexe, impliquant de plus grandes quantités de marchandises, des distances plus longues et un plus grand nombre de participants. Les accords oraux ne suffisaient plus pour gérer ces transactions. L'écriture offrait un moyen de documenter les accords commerciaux, les inventaires et les contrats, garantissant que toutes les personnes impliquées avaient une trace claire de ce qui avait été convenu. Par exemple, en Mésopotamie, les marchands utilisaient des tablettes cunéiformes pour enregistrer les quantités de biens qu'ils achetaient ou vendaient, ainsi que les termes de leurs accords. Ces registres ont contribué à prévenir les différends et à renforcer la confiance entre les partenaires commerciaux.

La capacité de conserver des documents écrits a également permis le développement de réseaux commerciaux s'étendant sur de vastes régions. Les commerçants pouvaient suivre leurs stocks, planifier leurs routes commerciales et communiquer avec des partenaires dans des villes éloignées. Dans l'Égypte ancienne, par exemple, l'écriture était utilisée pour documenter le mouvement des marchandises le long du Nil, qui constituait la bouée de sauvetage de l'économie égyptienne. De même, dans l'Empire romain, les documents écrits étaient essentiels à la gestion du flux de marchandises sur le vaste réseau routier de l'empire. L'écriture a rendu le commerce plus efficace et plus fiable, permettant la croissance des économies et l'échange d'idées et de ressources entre les cultures.

Au-delà des lois et du commerce, l'écriture devient indispensable à la gouvernance. À mesure que les civilisations grandissaient, les dirigeants avaient besoin d'un moyen de gérer leurs territoires, de communiquer avec leurs fonctionnaires et de maintenir le contrôle sur leurs populations. L'écriture a fourni la solution. En Mésopotamie, les scribes enregistraient les impôts, les données de recensement et les ordres militaires sur des tablettes d'argile, créant ainsi un système d'administration capable de gérer les complexités d'un État en pleine croissance. Dans l'Égypte ancienne, les hiéroglyphes étaient utilisés pour inscrire les décrets royaux et documenter les réalisations des pharaons, garantissant ainsi que leur autorité était reconnue et mémorisée.

L'écriture permettait également aux dirigeants de préserver les documents historiques, essentiels au maintien de la continuité et de la légitimité. Par exemple, les annales des rois assyriens détaillaient leurs campagnes et leurs réalisations militaires, renforçant leur pouvoir et inspirant la loyauté parmi leurs sujets. À

Rome, les documents écrits étaient utilisés pour documenter les lois, les traités et les travaux publics, créant ainsi un sentiment d'ordre et de stabilité qui a aidé l'empire à perdurer pendant des siècles. L'écriture a permis aux gouvernements de fonctionner à une échelle qui aurait été impossible sans elle, en fournissant les capacités nécessaires à l'organisation de grandes populations et de sociétés complexes.

L'impact de l'écriture sur la civilisation ne peut être surestimé. Il a fourni un moyen de créer et d'appliquer des lois, garantissant l'équité et la responsabilité. Il a révolutionné le commerce, permettant de gérer des économies complexes et de construire des réseaux reliant des régions lointaines. Il est devenu l'épine dorsale de la gouvernance, permettant aux dirigeants d'administrer leurs territoires, de communiquer avec leurs fonctionnaires et de préserver leur héritage. L'écriture a transformé le savoir en une ressource permanente, qui pouvait être partagée, étudiée et exploitée par les générations futures.

Peut-être plus important encore, l'écriture a permis aux civilisations de transcender les limites du temps et de l'espace. La communication orale est éphémère, mais les mots écrits perdurent. Ils peuvent être transmis de génération en génération, préservant ainsi la sagesse et les réalisations du passé. Ils peuvent être envoyés sur de grandes distances, reliant les personnes et les idées d'une manière qui était auparavant inimaginable. L'écriture n'était pas seulement une capacité à enregistrer des informations ; c'était un catalyseur de progrès, permettant à l'humanité de construire le monde complexe et interconnecté dans lequel nous vivons aujourd'hui.

Des tablettes d'argile de Mésopotamie aux rouleaux de papyrus d'Égypte et aux codes juridiques de Rome, l'écriture a été le fondement de la civilisation. Cela nous a permis de créer des systèmes de droit, de commerce et de gouvernance qui ont façonné le cours de l'histoire. C'est un rappel du pouvoir de l'écrit pour organiser, inspirer et transformer. Alors que nous continuons à écrire nos propres histoires, nous bâtissons sur un héritage qui a commencé il y a des milliers d'années – un héritage qui a rendu la civilisation elle-même possible.

Le rôle de l'écriture dans la préservation du patrimoine religieux et culturel

L'écriture est l'une des capacités les plus puissantes de l'humanité pour préserver le patrimoine religieux et culturel. Cela a permis aux sociétés de sauvegarder leurs croyances, leurs traditions et leur histoire, en veillant à ce qu'elles soient transmises de génération en génération. Sans l'écriture, une grande partie de ce que nous savons sur les religions anciennes, les pratiques culturelles et les événements historiques aurait été perdue avec le temps. L'écriture a non seulement préservé les enseignements sacrés et les codes moraux, mais a également contribué à maintenir l'identité et la continuité des communautés, même face au changement et à l'adversité.

L'un des rôles les plus importants de l'écriture a été la préservation des croyances et des pratiques religieuses. Dans les civilisations anciennes, les textes sacrés étaient écrits pour garantir que les enseignements spirituels et les codes moraux puissent être transmis avec précision d'une génération à l'autre. Par exemple, dans l'Inde ancienne, les Vedas – certains des textes religieux connus les plus anciens – étaient initialement transmis oralement, mais ont finalement été écrits en sanskrit pour préserver leurs enseignements. Ces textes contiennent des hymnes, des rituels et des idées philosophiques qui constituent le fondement de l'hindouisme. En enregistrant les Vedas par écrit, les anciens Indiens garantissaient la pérennité de leur héritage spirituel, même si leur société évoluait.

De même, dans le judaïsme, la Torah a été écrite pour documenter les lois, les enseignements et l'histoire du peuple juif. La Torah n'est pas seulement un texte religieux ; c'est un guide pour vivre une vie morale et pleine de sens, profondément liée à l'identité de la communauté juive. L'écriture de la Torah a permis de préserver ses enseignements avec précision, garantissant qu'ils pourraient être étudiés et suivis par les générations futures. Cette tradition écrite est devenue la pierre angulaire de la culture juive, aidant la communauté à maintenir son identité même pendant les périodes d'exil et de persécution.

Dans l'Islam, le Coran occupe une place centrale en tant que parole écrite de Dieu, révélée au prophète Mahomet. Le Coran a été soigneusement enregistré et compilé pour préserver ses enseignements, qui guident la vie spirituelle et morale des musulmans du monde entier. L'acte d'écrire le Coran était considéré comme un devoir sacré, garantissant que son message resterait inchangé et accessible à tous les croyants. Comme les Vedas et la Torah, le Coran démontre à quel point l'écriture a été essentielle pour préserver les enseignements religieux et favoriser un sentiment d'unité et de continuité au sein des communautés religieuses.

Au-delà des textes religieux, l'écriture a également joué un rôle crucial dans la préservation du patrimoine culturel. Les mythes, le folklore, les rituels et les événements historiques ont été consignés par écrit, permettant aux sociétés de conserver un sentiment d'identité et un lien avec leur passé. Dans la Grèce antique, par exemple, les poèmes épiques d'Homère, le *Iliade* et le *Odyssée*– ont finalement été écrits après avoir été transmis oralement pendant des générations. Ces œuvres ne sont pas seulement des histoires d'héroïsme et d'aventure ; ils sont le reflet des valeurs, des croyances et de l'identité culturelle grecques. En enregistrant ces épopées par écrit, les Grecs ont veillé à ce que leur patrimoine culturel soit préservé et célébré pendant des siècles.

Dans les Amériques, la civilisation maya utilisait l'écriture pour documenter son histoire, ses rituels et ses connaissances astronomiques. Les Mayas inscrivaient leurs écritures hiéroglyphiques sur des stèles (monuments en pierre), des codex (livres pliés) et sur les murs des temples. Ces inscriptions enregistraient des événements importants, tels que les règnes des rois et les cérémonies religieuses, donnant un aperçu de la vie spirituelle et culturelle du peuple maya. Même si une grande partie de leur patrimoine écrit a été détruite lors de la conquête espagnole, les textes survivants restent un témoignage de la sophistication et de la richesse de la culture maya.

Dans l'Europe médiévale, les chroniques et les manuscrits jouaient un rôle essentiel dans la préservation des connaissances culturelles et historiques. Les moines des monastères copiaient méticuleusement les textes religieux, les œuvres classiques et les documents historiques, s'assurant que ces connaissances ne soient pas perdues en temps de guerre et d'instabilité. Ces documents écrits sont devenus le fondement de la Renaissance, une période de renouveau culturel et intellectuel qui s'est largement inspirée des écrits préservés des civilisations antérieures. L'écriture a permis aux sociétés médiévales de maintenir un lien avec leur passé tout en inspirant de nouvelles idées et innovations.

Le pouvoir de l'écriture pour préserver le patrimoine culturel est peut-être plus évident dans sa capacité à aider les sociétés à survivre aux défis extérieurs. Lorsque les communautés ont été confrontées à la conquête, à la migration ou à d'autres perturbations, leurs archives écrites sont devenues un moyen de conserver leur identité et leurs traditions. Par exemple, pendant la diaspora juive, la Torah et le Talmud écrits ont aidé le peuple juif à maintenir son identité culturelle et religieuse, même s'il était dispersé à travers le monde. De même, la préservation des traditions orales africaines sous forme écrite a permis aux récits, proverbes et histoires des cultures africaines de perdurer, même face à la colonisation et à la traite transatlantique des esclaves.

L'écriture a également été un moyen de relier le passé et le futur. En enregistrant leurs croyances, leurs traditions et leur histoire, les sociétés ont pu transmettre leur patrimoine aux générations futures, garantissant ainsi que leur culture reste vivante et pertinente. C'est pourquoi des textes anciens comme les Vedas, la Torah et le Coran continuent d'être étudiés et vénérés aujourd'hui. Ce ne sont pas seulement des reliques du passé ; ce sont des documents vivants qui relient les gens à leurs racines et fournissent des orientations pour le présent.

En plus de préserver le patrimoine, l'écriture a permis aux cultures de partager leurs connaissances et leurs traditions avec d'autres. La traduction de textes religieux et culturels a facilité l'échange d'idées entre les civilisations, enrichissant la compréhension humaine et favorisant le respect mutuel. Par exemple, la traduction d'œuvres philosophiques grecques en arabe au cours de l'âge d'or islamique a contribué à préserver et à développer les connaissances sur la Grèce antique, qui ont ensuite influencé la Renaissance européenne. L'écriture a été un pont entre les cultures, permettant la diffusion des idées et la croissance des connaissances humaines.

La révolution de l'imprimerie

L'invention de l'imprimerie par Johannes Gutenberg au XVe siècle a été l'un des événements les plus transformateurs de l'histoire de l'humanité. Il a révolutionné la manière dont les connaissances étaient partagées et accessibles, éliminant les barrières qui maintenaient l'information entre les mains de quelques privilégiés. En rendant les livres et les documents écrits plus abordables et largement disponibles, l'imprimerie a démocratisé le savoir, permettant aux individus et aux communautés d'apprendre, de réfléchir de manière critique et de s'engager dans de nouvelles idées. Cette invention a marqué le début d'une nouvelle ère, dans laquelle le flux d'informations ne pouvait plus être contrôlé par les élites religieuses ou politiques, et a ouvert la voie à certains des changements culturels, intellectuels et sociaux les plus importants de l'histoire.

Avant l'imprimerie, les livres étaient rares et chers. Ils étaient copiés à la main, souvent par des moines dans des monastères, un processus lent, laborieux et sujet aux erreurs. En conséquence, seuls les individus et les institutions les plus riches, comme l'Église et les cours royales, pouvaient se permettre de posséder des livres. Le savoir était concentré entre les mains d'une petite élite et l'accès à l'éducation et à l'information était limité pour la majorité de la population. Cela a créé un monde où les idées étaient étroitement contrôlées et où la diffusion des nouvelles connaissances était lente et restreinte.

Dans les années 1440, Johannes Gutenberg, orfèvre et inventeur allemand, a tout changé. Il a développé une presse à caractères mobiles, une machine qui utilisait des lettres métalliques individuelles qui pouvaient être réorganisées et réutilisées pour imprimer des pages. Cette innovation a permis de produire des livres et d'autres documents écrits beaucoup plus rapidement et efficacement que jamais. La presse de Gutenberg combinait plusieurs technologies existantes, telles que le papier et l'encre à base d'huile, avec ses propres innovations en matière d'impression à caractères mobiles et mécanique. Le résultat fut une machine capable de produire des centaines d'exemplaires d'un livre dans le temps qu'il aurait fallu aux scribes pour en produire un seul.

La première œuvre majeure imprimée sur la presse de Gutenberg fut la Bible de Gutenberg, achevée vers 1455. Ce livre magnifiquement conçu démontrait le potentiel de l'imprimerie pour produire des textes de haute qualité à grande échelle. Plus important encore, cela a marqué le début d'une nouvelle ère dans laquelle les livres n'étaient plus la propriété exclusive de l'élite. L'imprimerie a rendu les livres plus abordables, ce qui a permis à davantage de personnes d'y accéder. Au fil du temps, cela a conduit à une augmentation spectaculaire de la disponibilité des connaissances et de la diffusion des idées.

L'un des impacts les plus significatifs de l'imprimerie a été son rôle dans la rupture du monopole du savoir détenu par les autorités religieuses et politiques. Avant l'imprimerie, l'Église exerçait un contrôle important sur la production et la distribution des documents écrits, notamment des textes religieux. L'imprimerie a changé la donne en permettant aux idées de se propager rapidement et largement, souvent au-delà du contrôle des gardiens traditionnels. Par exemple, lors de la Réforme protestante au XVIe siècle, les écrits de Martin Luther, dont son célèbre *95 thèses*, ont été imprimés et distribués dans toute l'Europe. Cette diffusion rapide des idées a remis en question l'autorité de l'Église catholique et a déclenché une révolution religieuse qui a remodelé l'Europe.

L'imprimerie a également joué un rôle crucial dans la Renaissance, période de renouveau culturel et intellectuel qui a débuté en Italie au XIVe siècle et s'est répandue dans toute l'Europe. La Renaissance a été alimentée par un regain d'intérêt pour la connaissance, l'art et la science classiques, dont une grande partie avait été préservée dans des textes anciens. L'imprimerie a permis de reproduire et de diffuser ces textes à grande échelle, permettant ainsi aux chercheurs, aux artistes et aux penseurs d'accéder aux connaissances du passé et de s'en inspirer. Cet échange d'idées a conduit à des réalisations révolutionnaires dans des domaines tels que la littérature, la philosophie et les arts visuels.

En plus de son impact sur la religion et la culture, l'imprimerie a été un moteur de la révolution scientifique. Des scientifiques comme Nicolas Copernic, Galileo Galilei et Isaac Newton se sont appuyés sur l'imprimerie pour partager leurs découvertes avec un public plus large. Par exemple, celui de Copernic *Sur les révolutions des sphères célestes*, qui proposait un modèle héliocentrique du système solaire, a été imprimé et distribué dans toute l'Europe, remettant en question les croyances de longue date sur l'univers. L'imprimerie a permis aux idées scientifiques de se propager rapidement, permettant ainsi la collaboration et le débat entre chercheurs. Cet échange de connaissances était essentiel pour le développement de la science moderne.

L'imprimerie a également contribué à l'essor de l'alphabétisation et de l'éducation. À mesure que les livres devenaient plus abordables et largement disponibles, davantage de personnes ont eu la possibilité d'apprendre à lire et à écrire. Cela était particulièrement important pour la classe moyenne, dont la taille et l'influence augmentaient au cours de cette période. L'accès aux livres permettait aux individus de s'instruire, ouvrant ainsi de nouvelles opportunités de croissance personnelle et professionnelle. Au fil du temps, la diffusion de l'alphabétisation a contribué à créer une population plus informée et plus engagée, jetant ainsi les bases de sociétés démocratiques.

Si l'imprimerie apporte de nombreux avantages, elle présente également de nouveaux défis. La diffusion rapide de l'information a rendu plus difficile le contrôle du flux d'idées, conduisant à des conflits et à des débats. Par exemple, la Réforme a déclenché des guerres de religion et des divisions qui ont duré des siècles. De plus, l'imprimerie a permis de diffuser non seulement des connaissances mais aussi de la désinformation et de la propagande. Ces défis ont toutefois été contrebalancés par les immenses avantages de la démocratisation du savoir et de l'autonomisation des individus à penser par eux-mêmes.

Écrire à l'ère du numérique

L'ère numérique a transformé la façon dont nous écrivons, partageons et consommons l'information. Ce qui était autrefois limité aux pages imprimées et aux livres physiques s'est désormais étendu à un vaste réseau interconnecté de plateformes et de formats numériques. L'écriture à l'ère numérique n'est plus limitée par la géographie, le temps ou les gardiens traditionnels. Il est devenu un média dynamique et accessible, permettant aux individus de partager leurs idées instantanément et d'atteindre des publics du monde entier. Des blogs aux livres électroniques et au-delà, la révolution numérique a démocratisé l'écriture, permettant aux gens de s'exprimer, de se connecter avec les autres et d'explorer de nouvelles possibilités créatives.

L'un des changements les plus importants apportés par Internet est l'essor des blogs. Un blog, abréviation de « weblog », est une plateforme numérique sur laquelle les individus peuvent publier leurs réflexions, leurs histoires et leur expertise sur pratiquement n'importe quel sujet. Contrairement à la publication traditionnelle, qui nécessite souvent l'approbation des rédacteurs ou des éditeurs, les blogs permettent à toute personne disposant d'une connexion Internet de partager sa voix avec le monde. Cela a rendu l'écriture plus accessible que jamais, donnant à des personnes de tous horizons la possibilité de contribuer à la conversation mondiale.

Les blogs sont devenus une puissante capacité d'expression personnelle, de journalisme et de contenu de niche. Par exemple, un passionné de voyages peut documenter ses aventures, partager des conseils et des histoires avec des lecteurs qui partagent sa passion. De la même manière, les journalistes indépendants peuvent utiliser les blogs pour rendre compte de questions qui pourraient être négligées par les médias grand public, offrant ainsi de nouvelles perspectives et idées. Les blogs ont également créé des espaces pour des communautés de niche, où les gens peuvent se connecter autour d'intérêts communs, de la cuisine et du fitness à la technologie et à la littérature. Cette démocratisation de l'écriture a non seulement élargi la diversité des voix dans la sphère publique, mais a également favorisé un sentiment de connexion et de communauté entre lecteurs et écrivains.

L'impact des blogs s'étend au-delà de l'expression personnelle. Ils sont devenus une pierre angulaire du marketing et de l'éducation numériques, les entreprises et les organisations les utilisant pour partager des informations précieuses, instaurer la confiance avec leur public et s'imposer comme des leaders d'opinion dans leur domaine. Par exemple, une entreprise peut utiliser un blog pour fournir des conseils sur l'utilisation de ses produits, tandis qu'une organisation à but non lucratif peut partager des histoires sur l'impact de son travail. Les blogs se sont révélés être un média polyvalent et influent, déterminant la façon dont nous communiquons et consommons l'information à l'ère numérique.

Un autre développement majeur dans l'écriture numérique est l'essor des livres électroniques. Les livres électroniques, ou livres électroniques, sont des versions numériques de livres traditionnels qui peuvent être lus sur des appareils tels que des liseuses électroniques, des tablettes et des smartphones. Ils ont révolutionné le secteur de l'édition en rendant les livres plus accessibles, plus abordables et plus pratiques pour les lecteurs et les écrivains. Pour les lecteurs, les livres électroniques offrent la possibilité de transporter une bibliothèque entière dans leur poche, d'accéder instantanément aux livres et d'ajuster la taille des polices et l'éclairage en fonction de leurs préférences. Pour les écrivains, les livres électroniques ont ouvert de nouvelles opportunités pour atteindre le public sans avoir recours aux éditeurs traditionnels.

Les plateformes d'auto-édition comme Amazon Kindle Direct Publishing (KDP) et Smashwords ont permis aux auteurs de contourner les contrôleurs traditionnels et de publier leur travail directement aux lecteurs. Cela a été particulièrement transformateur pour les écrivains indépendants, qui peuvent désormais partager leurs histoires avec le monde sans attendre l'approbation d'une maison d'édition. L'auto-édition permet également aux auteurs de conserver plus de contrôle sur leur travail, depuis la tarification et la distribution jusqu'aux décisions créatives telles que la conception de la couverture. En conséquence, de nombreux écrivains ont connu le succès et ont fidélisé leur public grâce aux livres électroniques, prouvant que l'ère numérique a égalisé les règles du jeu pour les auteurs en herbe.

Le prix abordable des livres électroniques a également rendu la lecture plus accessible aux personnes du monde entier. Dans les régions où les livres physiques peuvent être coûteux ou difficiles à obtenir, les livres électroniques constituent une alternative rentable. Les marchés en ligne et les bibliothèques numériques ont encore élargi l'accès à la littérature, à l'éducation et au savoir, éliminant les barrières qui limitaient autrefois le nombre de personnes pouvant lire et apprendre. Cela a contribué à une culture mondiale d'alphabétisation et d'apprentissage, dans laquelle toute personne disposant d'une connexion Internet peut explorer de nouvelles idées et perspectives.

Au-delà des blogs et des livres électroniques, l'ère numérique a donné naissance à des formes d'écriture nouvelles et innovantes. La narration interactive, par exemple, combine des récits traditionnels avec des éléments multimédias tels que des vidéos, des images et des hyperliens, créant ainsi des expériences immersives pour les lecteurs. Des plateformes comme Wattpad et Medium sont devenues des plateformes pour les écrivains créatifs, où ils peuvent partager des histoires sérialisées, recevoir les commentaires des lecteurs et collaborer avec d'autres écrivains. Ces plateformes ont redéfini ce que signifie être un écrivain, encourageant l'expérimentation et la collaboration d'une manière qui n'était pas possible dans le passé.

L'intégration multimédia a également transformé la façon dont les histoires sont racontées. Les articles numériques incluent souvent des vidéos intégrées, des infographies et des éléments interactifs qui améliorent la compréhension et l'engagement du lecteur. Par exemple, un article d'actualité sur le changement climatique peut inclure une carte interactive montrant la montée du niveau de la mer, permettant aux lecteurs d'explorer les données par eux-mêmes. Ce mélange de texte et de multimédia a rendu l'écriture plus dynamique et engageante, attirant une génération de lecteurs habitués à consommer des informations dans des formats divers.

L'utilisation de l'intelligence artificielle (IA) dans la création de contenu est une autre tendance émergente dans l'écriture numérique. Les capacités d'IA telles que ChatGPT et Jasper peuvent aider les rédacteurs en générant des idées, en rédigeant du contenu et même en éditant du texte. Bien que ces capacités ne remplacent pas la créativité humaine, elles sont devenues des aides précieuses pour les écrivains cherchant à rationaliser leurs flux de travail et à expérimenter de nouvelles approches. Par exemple, un blogueur peut utiliser l'IA pour générer des idées de sujets ou créer un brouillon, qu'il peut ensuite affiner et personnaliser. À mesure que la technologie de l'IA continue d'évoluer, elle est susceptible de jouer un rôle de plus en plus important dans l'avenir de l'écriture.

Malgré ces progrès, l'ère numérique présente également son lot de défis. Le volume considérable de contenu disponible en ligne peut rendre difficile pour les écrivains de se démarquer et pour les lecteurs de trouver des informations fiables. Des problèmes tels que la désinformation, le plagiat et la dévalorisation du travail créatif ont soulevé d'importantes questions sur l'éthique et la durabilité de l'écriture numérique. Cependant, ces défis offrent également aux écrivains des opportunités d'innover, de s'adapter et de trouver de nouvelles façons d'entrer en contact avec leur public.

En conclusion, l'écriture à l'ère numérique a transformé la façon dont nous créons, partageons et consommons des histoires. Des blogs qui démocratisent l'édition aux livres électroniques qui rendent la littérature accessible à tous, la révolution numérique a ouvert de nouvelles possibilités aux écrivains comme aux lecteurs. Les tendances émergentes telles que la narration interactive, l'intégration multimédia et la création de contenu basée sur l'IA continuent de repousser les limites de ce que peut être l'écriture. Si l'ère numérique comporte ses défis, elle a également permis aux individus de partager leur voix, de se connecter avec les autres et d'explorer de nouvelles frontières de la créativité. L'écriture, sous toutes ses formes, reste une puissante capacité de communication, d'expression et de connexion dans un monde en constante évolution.

Chapitre 4

L'imprimerie et la diffusion des idées

L'invention de l'imprimerie par Johannes Gutenberg au XVe siècle a marqué un tournant dans l'histoire de l'humanité, qui a transformé la manière dont les connaissances étaient partagées et les idées se propageaient. Avant l'invention révolutionnaire de Gutenberg, les livres étaient minutieusement copiés à la main, un processus lent, coûteux et limité à un petit nombre de personnes. Cela signifiait que les livres étaient rares et accessibles uniquement à l'élite : les individus riches, les institutions religieuses et les cours royales. Les connaissances étaient étroitement contrôlées et la majorité de la population avait peu ou pas accès à l'information écrite. L'imprimerie de Gutenberg a changé tout cela, ouvrant la voie à une nouvelle ère de communication de masse et de croissance intellectuelle qui allait façonner le cours de l'histoire.

Pour comprendre l'importance de l'invention de Gutenberg, il est important de considérer le contexte de l'époque. Dans les siècles qui ont précédé l'imprimerie, les livres étaient produits par des scribes qui copiaient les textes à la main, souvent dans des monastères. Ce processus peut prendre des mois, voire des années pour un seul livre, ce qui rend les livres incroyablement chers et rares. Par exemple, une seule Bible pourrait coûter autant qu'une petite maison, la mettant ainsi hors de portée des gens ordinaires. En conséquence, les taux d'alphabétisation étaient faibles et les connaissances étaient concentrées entre les mains de quelques privilégiés. La lenteur de la production de livres signifiait également que les idées se propageaient à un rythme glacial, limitant l'échange de connaissances et l'innovation.

Dans les années 1440, Johannes Gutenberg, orfèvre et inventeur allemand, développa une solution qui allait révolutionner la production de livres. Il a créé une presse à caractères mobiles, une machine qui utilisait des lettres métalliques individuelles qui pouvaient être disposées et réarrangées pour former des mots et des phrases. Ces lettres étaient ensuite encrées et pressées sur du papier, permettant une reproduction rapide et cohérente du texte. Contrairement aux manuscrits manuscrits, sujets aux erreurs, l'imprimerie produisait des copies identiques, garantissant ainsi l'exactitude et la fiabilité. La presse de Gutenberg combinait plusieurs technologies existantes, telles que le papier et l'encre à base d'huile, avec ses propres innovations en matière d'impression à caractères mobiles et mécanique. Le résultat fut une machine capable de produire des livres plus rapidement, à moindre coût et en plus grande quantité que jamais.

La première œuvre majeure imprimée sur la presse de Gutenberg fut la Bible de Gutenberg, achevée vers 1455. Ce livre magnifiquement conçu démontrait le potentiel de l'imprimerie pour produire des textes de haute qualité à grande échelle. Plus important encore, cela a marqué le début d'une nouvelle ère dans laquelle les livres n'étaient plus la propriété exclusive de l'élite. L'imprimerie a considérablement réduit le coût des livres, les rendant plus abordables et accessibles à un public plus large. Au fil du temps, cela a conduit à une augmentation spectaculaire des taux d'alphabétisation et à la diffusion des connaissances à travers l'Europe.

L'invention de Gutenberg a marqué un tournant dans l'histoire car elle a permis la diffusion massive des connaissances, éliminant les barrières qui limitaient auparavant l'accès à l'information. L'un des impacts les plus significatifs de l'imprimerie a été son rôle dans la Réforme protestante. En 1517, Martin Luther, moine et théologien allemand, écrivit son *95 thèses*, un document qui critiquait les pratiques de l'Église catholique et appelait à des réformes. Grâce à l'imprimerie, les idées de Luther furent rapidement imprimées et diffusées dans toute l'Europe, atteignant un large public en quelques semaines. Cette diffusion rapide de l'information était sans précédent et joua un rôle clé dans le succès de la Réforme. L'imprimerie a permis aux gens ordinaires de lire et de s'intéresser aux textes religieux, remettant en question l'autorité de l'Église et déclenchant un mouvement qui allait remodeler le christianisme.

L'imprimerie a également joué un rôle central dans la Renaissance, période de renouveau culturel et intellectuel qui a débuté en Italie au XIVe siècle et s'est répandue dans toute l'Europe. À la Renaissance, on assiste à un regain d'intérêt pour les connaissances classiques de la Grèce antique et de Rome. L'imprimerie a permis de reproduire et de distribuer des textes classiques à grande échelle, permettant ainsi aux universitaires, aux artistes et aux penseurs d'accéder aux connaissances du passé et de s'en inspirer. Cet échange d'idées a alimenté les progrès de l'art, de la science et de la philosophie, conduisant à certaines des réalisations les plus importantes de l'histoire de l'humanité. Par exemple, les œuvres de personnalités de la Renaissance comme Léonard de Vinci et Michel-Ange ont été influencées par la redécouverte des textes classiques, largement diffusés grâce à l'imprimerie.

En plus de son impact sur la religion et la culture, l'imprimerie a jeté les bases de la révolution scientifique. Des scientifiques comme Nicolas Copernic, Galileo Galilei et Isaac Newton se sont appuyés sur l'imprimerie pour partager leurs découvertes avec un public plus large. Par exemple, celui de Copernic *Sur les révolutions des sphères célestes*, qui proposait un modèle héliocentrique du système solaire, a été imprimé et distribué dans toute l'Europe, remettant en question les croyances de longue date sur l'univers. L'imprimerie a permis aux idées scientifiques de se propager rapidement, permettant ainsi la collaboration et le débat entre chercheurs. Cet échange de connaissances était essentiel au développement de la science et de la technologie modernes.

L'imprimerie a également contribué à l'essor de l'alphabétisation et de l'éducation. À mesure que les livres devenaient plus abordables et largement disponibles, davantage de personnes ont eu la possibilité d'apprendre à lire et à écrire. Cela était particulièrement important pour la classe moyenne, dont la taille et l'influence augmentaient au cours de cette période. L'accès aux livres permettait aux individus de s'instruire, ouvrant ainsi de nouvelles opportunités de croissance personnelle et professionnelle. Au fil du temps, la diffusion de l'alphabétisation a contribué à créer une population plus informée et plus engagée, jetant ainsi les bases de sociétés démocratiques.

L'impact de l'invention de Gutenberg s'est étendu bien au-delà de l'Europe. L'imprimerie s'est finalement répandue dans d'autres parties du monde, transformant la manière dont les connaissances étaient partagées et préservées à l'échelle mondiale. Elle est devenue un catalyseur d'échanges culturels, de progrès scientifiques et de changements sociaux, façonnant le monde moderne d'une manière qui se ressent encore aujourd'hui.

L'imprimerie et la Réforme

L'invention de l'imprimerie par Johannes Gutenberg au XVe siècle a été un moment révolutionnaire dans l'histoire de l'humanité, et son impact sur la Réforme protestante ne peut être surestimé. La planche à billets a transformé la manière dont les idées étaient partagées, permettant à des réformateurs comme Martin Luther de défier l'autorité de l'Église catholique et de déclencher l'un des bouleversements religieux et politiques les plus importants de l'histoire européenne. En permettant la diffusion rapide et généralisée d'écrits réformistes, l'imprimerie a non seulement remodelé la pensée religieuse, mais a également modifié le paysage politique de l'Europe, conduisant à des conflits, à de nouvelles alliances et à la montée d'États-nations.

Avant l'imprimerie, l'Église catholique détenait un quasi-monopole sur la connaissance religieuse. La Bible était écrite en latin, une langue comprise uniquement par le clergé et l'élite instruite, ce qui signifiait que les gens ordinaires comptaient sur les prêtres pour interpréter les Écritures à leur place. Les livres étaient rares et chers, car ils devaient être copiés à la main, ce qui limitait l'accès aux textes religieux et aux débats théologiques à un petit groupe privilégié. Ce contrôle sur la connaissance a permis à l'Église de maintenir son autorité et son influence sur les questions spirituelles et politiques.

L'imprimerie a tout changé. En 1517, Martin Luther, moine et théologien allemand, écrivit son *95 thèses*, un document qui critiquait les pratiques de l'Église catholique, notamment la vente d'indulgences – paiements versés à l'Église en échange du pardon des péchés. celui de Luther *95 thèses* étaient initialement destinés à susciter un débat académique, mais grâce à l'imprimerie, ils ont été rapidement reproduits et diffusés dans toute l'Europe. En quelques semaines, les idées de Luther ont atteint un large public, suscitant des discussions et des débats bien au-delà des murs de l'université où il avait affiché ses thèses.

L'imprimerie a permis à des réformateurs comme Luther de communiquer leurs idées directement au public, contournant ainsi le contrôle de l'Église sur le discours religieux. Des brochures, des sermons et des traductions de la Bible ont été imprimés en grande quantité et dans les langues locales, les rendant pour la première fois accessibles aux gens ordinaires. La traduction allemande de la Bible par Luther, par exemple, a permis aux gens de lire et d'interpréter les Écritures par eux-mêmes, remettant ainsi en cause le rôle de l'Église en tant qu'unique interprète de la parole de Dieu. Cette démocratisation du savoir a permis aux individus de remettre en question l'autorité religieuse et de forger leurs propres croyances, conduisant à une vague de mouvements de réforme religieuse à travers l'Europe.

L'impact de l'imprimerie sur la Réforme fut profond. Cela a non seulement diffusé les idées de Luther, mais a également amplifié les voix d'autres réformateurs, tels que Jean Calvin et Huldrych Zwingli, qui appelaient à des changements dans les pratiques et la théologie de l'Église. La diffusion rapide de ces idées a conduit à la fragmentation de la chrétienté en diverses confessions protestantes, telles que le luthéranisme, le calvinisme et l'anglicanisme. Cette diversité religieuse a remis en question la domination de l'Église catholique et a changé à jamais le paysage du christianisme.

La Réforme n'était pas seulement un mouvement religieux ; cela a également eu des conséquences politiques considérables. La diffusion des idées réformistes a alimenté les tensions entre les dirigeants et l'Église, ainsi qu'entre les différentes factions au sein des États. De nombreux dirigeants ont vu la Réforme comme une opportunité d'affirmer leur indépendance vis-à-vis du pape et de l'Église catholique, qui exerçaient depuis longtemps un pouvoir politique important. En s'alignant sur les mouvements protestants, ces dirigeants pourraient consolider leur autorité et réduire l'influence de l'Église sur leurs territoires.

L'un des impacts politiques les plus significatifs de la Réforme fut la guerre de Trente Ans (1618-1648), une série de conflits qui débutèrent comme une lutte religieuse entre catholiques et protestants, mais qui se transformèrent finalement en une lutte de pouvoir plus large entre États européens. La guerre a dévasté une grande partie de l'Europe centrale, en particulier le Saint-Empire romain germanique, et fait des millions de morts. La paix de Westphalie, qui a mis fin à la guerre, a marqué un tournant dans l'histoire européenne, car elle a établi le principe de la souveraineté de l'État et réduit le pouvoir politique de l'Église catholique. Ce changement dans la dynamique du pouvoir a jeté les bases du système moderne d'États-nations.

L'imprimerie a également joué un rôle dans la formation des alliances et des rivalités pendant la Réforme. Les dirigeants et les communautés protestantes ont utilisé des documents imprimés pour promouvoir leur cause et rallier des soutiens, tandis que l'Église catholique a lancé ses propres efforts de contre-réforme, utilisant la presse écrite pour défendre ses doctrines et attaquer les idées protestantes. Cette bataille d'idées, menée à travers des brochures, des livres et des sermons, a mis en évidence le pouvoir de la presse écrite pour influencer l'opinion publique et mobiliser les gens pour des causes politiques et religieuses.

En plus de son rôle dans la diffusion des idées réformistes, l'imprimerie a contribué à l'essor de l'alphabétisation et de l'éducation. À mesure que davantage de livres et de brochures devenaient disponibles, davantage de personnes apprenaient à lire, créant ainsi une population plus informée et plus engagée. Cette augmentation de l'alphabétisation a permis aux individus de remettre en question l'autorité et de participer aux débats religieux et politiques. L'imprimerie a non seulement transformé la façon dont les gens accédaient au savoir, mais aussi la manière dont ils considéraient leur place dans la société et leur relation avec l'autorité.

Le rôle des livres imprimés dans la révolution des Lumières et de la science

L'invention de l'imprimerie et l'essor des livres imprimés ont été des forces de transformation qui ont alimenté les progrès intellectuels et scientifiques du siècle des Lumières et de la révolution scientifique. En rendant le savoir plus accessible et abordable, les livres imprimés ont permis aux idées de se propager rapidement à travers l'Europe et au-delà, permettant ainsi aux penseurs, aux scientifiques et aux philosophes de partager leurs découvertes, de remettre en question les normes établies et de collaborer au-delà des frontières. Cette explosion de connaissances a non seulement remodelé la compréhension que l'humanité a du monde naturel, mais a également inspiré de profonds changements dans la société, la politique et la culture.

Avant l'imprimerie, le savoir se limitait aux manuscrits manuscrits, coûteux, rares et souvent conservés dans les monastères ou dans les collections privées de l'élite. La majorité des gens avaient peu ou pas accès aux livres et la diffusion des idées était lente et limitée. L'invention de l'imprimerie par Johannes Gutenberg au milieu du XVe siècle a changé la donne pour toujours. Pour la première fois, les livres pourraient être produits en masse, ce qui les rendrait plus abordables et largement disponibles. Cette démocratisation du savoir a créé un terrain fertile pour le progrès intellectuel et scientifique, les idées pouvant désormais toucher un public beaucoup plus large.

La Révolution scientifique, qui débute au XVIe siècle, fut l'un des premiers grands mouvements à bénéficier de l'imprimerie. Les scientifiques et les universitaires utilisaient des livres imprimés pour publier leurs découvertes, partager leurs théories et s'engager dans des débats qui transcendaient les frontières nationales et linguistiques. L'un des ouvrages les plus anciens et les plus influents de la révolution scientifique est celui de Nicolas Copernic. *Sur les révolutions des sphères célestes*, publié en 1543. Dans ce livre révolutionnaire, Copernic propose un modèle héliocentrique de l'univers, affirmant que la Terre et les autres planètes tournaient autour du Soleil. Cette idée remettait en question le modèle géocentrique de longue date adopté par l'Église catholique, qui plaçait la Terre au centre de l'univers.

L'imprimerie a joué un rôle crucial dans la diffusion des idées de Copernic, permettant à d'autres scientifiques d'étudier, de critiquer et de s'appuyer sur ses travaux. Par exemple, Galileo Galilei, l'une des figures les plus célèbres de la révolution scientifique, a utilisé l'imprimerie pour publier son *Dialogue concernant les deux principaux systèmes mondiaux* en 1632. Dans ce livre, Galilée défend le modèle héliocentrique et présente les preuves de ses observations du ciel, rendues possibles par ses améliorations apportées au télescope. Le livre a été écrit en italien plutôt qu'en latin, ce qui le rend accessible à un public plus large et suscite un vaste débat sur la place de l'humanité dans le cosmos.

Une autre œuvre monumentale de la révolution scientifique fut celle d'Isaac Newton. *Principes mathématiques*, publié en 1687. Dans ce livre, Newton expose les lois du mouvement et de la gravitation universelle, fournissant un cadre mathématique expliquant les mouvements des corps célestes et des objets sur Terre. Le *Ça commence* fut largement diffusé grâce à l'imprimerie, et son rayonnement s'étendit bien au-delà de la communauté scientifique. Les idées de Newton sont devenues la pierre angulaire de la science moderne, inspirant des générations de penseurs à explorer le monde naturel par l'observation, l'expérimentation et la raison.

L'imprimerie a non seulement permis la publication d'ouvrages scientifiques révolutionnaires, mais a également favorisé une culture de collaboration et de communication entre scientifiques. Les journaux, brochures et lettres permettaient aux chercheurs de partager leurs découvertes, de débattre des théories et d'affiner leurs idées. Cet échange de connaissances était essentiel au développement de la méthode scientifique, qui mettait l'accent sur la recherche fondée sur des preuves et la vérification d'hypothèses. L'imprimerie a créé un réseau d'intellectuels qui pouvaient s'appuyer sur le travail de chacun, accélérant ainsi le rythme de la découverte et de l'innovation.

Alors que la révolution scientifique a jeté les bases de la science moderne, le siècle des Lumières, qui a suivi au XVIIIe siècle, a transformé la façon dont les gens percevaient la société, la politique et les droits de l'homme. Le siècle des Lumières était un mouvement intellectuel qui mettait l'accent sur la raison, la liberté et la recherche du savoir comme clés du progrès humain. Les livres imprimés et les brochures étaient les principaux véhicules de diffusion des idées des Lumières, atteignant un public bien au-delà des salons et des universités où elles étaient pour la première fois discutées.

Des philosophes comme Voltaire, Jean-Jacques Rousseau et Immanuel Kant ont utilisé le pouvoir de l'écrit pour défier l'autorité traditionnelle et plaider en faveur d'une réforme sociale et politique. L'esprit vif de Voltaire et ses critiques de l'intolérance religieuse étaient largement lus dans ses essais et ses lettres, tandis que celui de Rousseau *Le contrat social* a défendu l'idée de souveraineté populaire, inspirant des mouvements pour la démocratie et l'égalité. L'essai de Kant *Qu'est-ce que l'illumination ?* a encouragé les individus à penser par eux-mêmes et à remettre en question les normes établies, résumant ainsi l'esprit de l'époque.

L'accessibilité des livres imprimés a permis aux idées des Lumières d'atteindre un public diversifié, y compris la classe moyenne émergente, désireuse de s'engager dans de nouvelles idées sur la gouvernance, l'éducation et les droits individuels. Cette diffusion du savoir a eu de profondes conséquences politiques, inspirant des révolutions qui ont remodelé le monde. Par exemple, la Révolution américaine a été profondément influencée par les principes des Lumières, comme le montre la Déclaration d'indépendance, qui s'inspirait des idées sur les droits naturels et le contrat social. De la même manière, la Révolution française a été alimentée par les écrits des penseurs des Lumières, qui appelaient à la liberté, à l'égalité et au renversement des régimes oppressifs.

L'imprimerie a également joué un rôle clé dans la création d'une sphère publique où les idées pouvaient être débattues et discutées. Les cafés, les salons et les sociétés de lecture sont devenus des centres d'activité intellectuelle, où les gens se rassemblaient pour lire et discuter des derniers livres, brochures et journaux. Cette culture du débat et de la discussion a contribué à diffuser les idéaux des Lumières et a favorisé un sentiment d'objectif commun parmi ceux qui cherchaient à remettre en question le statu quo.

Comment l'impression a façonné l'éducation et l'alphabétisation

L'invention de l'imprimerie par Johannes Gutenberg au XVe siècle a été un moment transformateur dans l'histoire de l'humanité, et son impact sur l'éducation et l'alphabétisation ne peut être surestimé. Avant l'imprimerie, les livres étaient rares et chers, accessibles uniquement à l'élite fortunée et aux institutions religieuses. La connaissance se limitait aux manuscrits manuscrits, qui étaient laborieusement copiés par les scribes, prenant souvent des mois, voire des années, pour produire un seul livre. Cette rareté des livres signifiait que l'éducation était un privilège réservé à une petite fraction de la société et que les taux d'alphabétisation étaient extrêmement faibles. L'imprimerie a changé tout cela, révolutionnant la manière dont les connaissances étaient partagées et rendant l'éducation et l'alphabétisation accessibles à un public beaucoup plus large.

L'imprimerie a introduit la possibilité de produire des livres en masse, réduisant considérablement leur coût et les rendant largement disponibles. Pour la première fois, les gens ordinaires pouvaient se permettre de posséder des livres, et les écoles et les universités pouvaient acquérir le matériel dont elles avaient besoin pour enseigner plus efficacement. Cette démocratisation du savoir a marqué le début d'une nouvelle ère dans l'éducation, où l'apprentissage n'était plus réservé à l'élite. La disponibilité des livres a encouragé davantage de personnes à apprendre à lire et à écrire, car ils avaient désormais accès aux capacités nécessaires à leur auto-éducation et à leur croissance intellectuelle.

L'une des contributions les plus significatives de l'imprimerie à l'éducation a été la standardisation des textes. Avant l'imprimerie, les manuscrits manuscrits contenaient souvent des erreurs ou des variations, car les scribes commettaient parfois des erreurs ou interprétaient les textes différemment. Ce manque de cohérence rendait difficile l'enseignement pour les éducateurs et l'apprentissage des élèves. L'imprimerie a résolu ce problème en produisant des copies identiques des livres, garantissant ainsi que tout le monde avait accès à la même information. Cette standardisation était particulièrement importante pour le matériel pédagogique, comme les manuels scolaires, qui sont devenus des capacités essentielles à l'enseignement et à l'apprentissage.

Les livres imprimés ont également facilité la création et la diffusion de nouveaux types de ressources pédagogiques. Les manuels scolaires, les dictionnaires et les encyclopédies sont devenus largement disponibles, offrant aux étudiants et aux universitaires les capacités dont ils avaient besoin pour élargir leurs connaissances. Par exemple, les dictionnaires ont contribué à standardiser le langage et à améliorer la communication, tandis que les encyclopédies compilaient de grandes quantités d'informations dans un format organisé et accessible. Ces ressources soutenaient non seulement l'éducation formelle, mais encourageaient également l'apprentissage indépendant, car les gens pouvaient désormais explorer des sujets par eux-mêmes.

La diffusion des documents imprimés a eu un impact profond sur les taux d'alphabétisation, en particulier pendant la Renaissance et la Réforme. La Renaissance, période de renouveau culturel et intellectuel qui débute au XIVe siècle, est alimentée par la redécouverte des textes classiques et la diffusion d'idées nouvelles. L'imprimerie a permis de reproduire et de diffuser ces textes à grande échelle, permettant ainsi à un plus grand nombre de personnes de s'intéresser à la littérature, à la philosophie et à la science. À mesure que les livres devenaient plus accessibles, les taux d'alphabétisation ont commencé à augmenter, les individus cherchant à lire et à comprendre la richesse des connaissances désormais mises à leur disposition.

La Réforme, qui a débuté au début du XVIe siècle, a encore accéléré la diffusion de l'alphabétisation. Les réformateurs religieux comme Martin Luther ont souligné l'importance de lire la Bible dans sa propre langue, plutôt que de compter sur le clergé pour l'interpréter. L'imprimerie a permis de produire des Bibles et d'autres textes religieux dans des langues vernaculaires, permettant ainsi aux gens ordinaires de s'engager dans leur foi à un niveau personnel. Cet accent mis sur la lecture et l'interprétation individuelles a encouragé davantage de personnes à apprendre à lire, contribuant ainsi à une augmentation significative des taux d'alphabétisation dans toute l'Europe.

L'essor de l'alphabétisation a eu des conséquences considérables sur la société. À mesure que de plus en plus de personnes sont alphabétisées, elles ont pu accéder à un plus large éventail d'idées et de perspectives, favorisant ainsi la pensée critique et la curiosité intellectuelle. Cette démocratisation du savoir a permis aux individus de remettre en question l'autorité, de remettre en question les croyances traditionnelles et de rechercher de nouvelles solutions aux problèmes. Cela a également jeté les bases du développement des systèmes d'éducation publique, les sociétés reconnaissant l'importance de l'alphabétisation et de l'éducation pour le progrès économique et social.

L'imprimerie a également joué un rôle clé dans l'élaboration du concept moderne d'éducation. Grâce à la disponibilité de manuels scolaires standardisés et d'autres matériels pédagogiques, les écoles et les universités ont pu élaborer des programmes d'études plus structurés et toucher un plus grand nombre d'étudiants. La diffusion des livres imprimés a également encouragé la création de bibliothèques, qui sont devenues des centres d'apprentissage et d'échange intellectuel. Ces évolutions ont contribué à créer une culture éducative qui valorise le savoir et l'apprentissage tout au long de la vie, ouvrant ainsi la voie aux systèmes éducatifs modernes que nous connaissons aujourd'hui.

Chapitre 5

Le système postal

Les origines des systèmes postaux remontent à la nécessité pour les empires de communiquer sur de vastes distances. Dans le monde antique, où les territoires s'étendaient sur des milliers de kilomètres, une communication efficace était essentielle à la gouvernance, à la coordination militaire et au maintien du contrôle sur des régions éloignées. Deux des premiers systèmes postaux les plus remarquables ont été développés dans l'Empire perse et l'Empire romain. Ces systèmes ont non seulement révolutionné la manière dont les messages étaient transmis, mais ont également joué un rôle crucial dans l'unification des empires, la promotion du commerce et les échanges culturels.

L'Empire perse, sous le règne de Darius Ier au VIe siècle avant notre ère, a établi l'un des premiers systèmes postaux organisés, connu sous le nom de *Colère*. Ce système a été conçu pour assurer la livraison rapide et fiable des messages à travers le vaste empire perse, qui s'étendait de la vallée de l'Indus à l'est jusqu'à la mer Égée à l'ouest. Le *Colère* reposait sur un réseau de stations relais, ou maisons de poste, stratégiquement placées le long de la Royal Road, une autoroute majeure qui s'étendait sur plus de 1 500 milles. Les courriers, souvent montés à cheval, transportaient les messages d'une gare à l'autre, où de nouveaux chevaux et cavaliers attendaient pour continuer le voyage.

Ce système de relais permettait aux messages de voyager à des vitesses remarquables pour l'époque. Hérodote, l'historien grec ancien, s'émerveillait de l'efficacité des courriers persans, notant que « ni la neige, ni la pluie, ni la chaleur, ni l'obscurité de la nuit » ne pouvaient retarder leur progression. Le *Colère* était une capacité vitale pour les rois perses, leur permettant d'envoyer des ordres, de recevoir des rapports et de coordonner des campagnes militaires à travers leur vaste empire. Cela a également contribué à maintenir le contrôle sur des territoires éloignés en garantissant que le gouvernement central puisse rester informé des événements dans les régions les plus reculées.

Le système postal persan n'était pas seulement une innovation pratique ; c'était un symbole de la puissance et de l'organisation de l'empire. En créant un réseau de communication fiable, les Perses ont démontré leur capacité à gouverner un empire diversifié et tentaculaire. Le *Colère* a créé un précédent pour les futurs systèmes postaux, inspirant d'autres civilisations à développer leurs propres méthodes de communication longue distance.

Des siècles plus tard, l'Empire romain s'est appuyé sur les innovations des Perses et a créé un système postal encore plus sophistiqué connu sous le nom de *Cours public*. Créée sous le règne de l'empereur Auguste au 1er siècle avant notre ère, la *Cours public* a été conçu pour faciliter la transmission efficace des messages et des documents officiels à travers l'Empire romain, qui, à son apogée, s'étendait sur trois continents. Comme le Persan *Colère*, le système romain reposait sur un réseau de routes, de stations relais et de coursiers.

Les Romains étaient réputés pour leurs prouesses en ingénierie et leur vaste réseau routier était un facteur clé dans le succès de la

Cours public. Ces routes, construites avec une précision et une durabilité remarquables, reliaient les villes et les avant-postes militaires à travers l'empire. Stations relais, connues sous le nom de *changements*, étaient placés à intervalles réguliers le long de ces routes, fournissant des chevaux frais et des provisions pour les courriers. Les plus grandes stations, appelées *demeures*, offrait un hébergement aux voyageurs et aux fonctionnaires. Cette infrastructure a permis aux messages d'être transmis rapidement et efficacement, même sur de longues distances.

Le *Cours public* était principalement utilisé à des fins officielles, telles que la livraison des ordres de l'empereur, des dépêches militaires et des registres fiscaux. Cependant, il a également facilité les échanges commerciaux et culturels en facilitant les voyages et les communications pour les commerçants, les universitaires et les diplomates. Le système a contribué à unifier l'Empire romain, en créant un sentiment de lien entre ses diverses provinces et en garantissant que le gouvernement central puisse maintenir le contrôle sur ses vastes territoires.

L'efficacité du *Cours public* était un témoignage des compétences organisationnelles des Romains. Les courriers pouvaient parcourir jusqu'à 50 miles par jour, une vitesse remarquable pour l'époque, et des messages pouvaient être envoyés d'un bout à l'autre de l'empire en quelques semaines. Cette capacité à communiquer rapidement et de manière fiable était essentielle à l'administration d'un empire aussi vaste et complexe. Cela a permis aux Romains de répondre aux crises, de coordonner les campagnes militaires et d'appliquer les lois sur leurs territoires.

Le système postal romain a également eu un impact culturel important. En reliant des régions éloignées, le *Cours public* facilité l'échange d'idées, de technologies et de traditions. Il a contribué à diffuser la culture et l'influence romaines, ainsi qu'à intégrer les divers peuples de l'empire dans un système politique et économique commun. Les routes et stations relais du *Cours public* sont devenues des artères de communication et de commerce, reliant l'empire entre eux et assurant sa stabilité.

Le rôle des réseaux postaux dans le commerce et la gouvernance

Tout au long de l'histoire, les réseaux postaux ont constitué l'épine dorsale de la communication, jouant un rôle essentiel en facilitant le commerce et en permettant une gouvernance efficace sur de vastes territoires. Ces réseaux, conçus pour assurer la transmission rapide et fiable des messages, étaient essentiels pour maintenir le contrôle sur les empires, coordonner les fonctions administratives et favoriser la croissance économique. De l'ancien Angarium perse au Cursus Publicus romain et au-delà, les systèmes postaux témoignent de l'ingéniosité des civilisations pour surmonter les défis de la distance et du temps.

Les origines des réseaux postaux remontent à l'Empire perse sous Darius Ier au 6ème siècle avant notre ère. L'Angarium persan fut l'un des premiers systèmes postaux organisés, créé pour garantir que les messages puissent voyager rapidement à travers l'empire, qui s'étendait de la vallée de l'Indus à la Méditerranée. L'Angarium s'appuyait sur un réseau de stations relais, où les courriers à cheval transmettaient les messages aux nouveaux cavaliers, permettant ainsi aux informations de circuler à des vitesses remarquables pour l'époque. Ce système était crucial pour la gouvernance, car il permettait aux rois perses de publier des décrets, de coordonner des campagnes militaires et de maintenir le contrôle sur des provinces éloignées. L'Angarium soutenait également le commerce en fournissant aux marchands un moyen fiable de communiquer sur de longues distances, d'échanger des informations sur les marchés et de coordonner le mouvement des marchandises le long des routes commerciales de l'empire.

L'Empire romain s'est appuyé sur les innovations des Perses, créant un système postal encore plus sophistiqué connu sous le nom de Cursus Publicus. Créé sous le règne de l'empereur Auguste au 1er siècle avant notre ère, le Cursus Publicus a été conçu pour faciliter la transmission efficace des messages et des documents officiels dans le vaste empire romain. Le système reposait sur un vaste réseau de routes, de stations relais et de coursiers, permettant aux messages de circuler rapidement et de manière fiable. Ces routes, dont certaines sont encore utilisées aujourd'hui, reliaient les villes et les avant-postes militaires, garantissant ainsi au gouvernement central le contrôle de ses territoires.

Le Cursus Publicus n'était pas seulement une capacité de gouvernance mais aussi un catalyseur de croissance économique. En permettant aux commerçants de communiquer entre eux et de coordonner la circulation des marchandises, le réseau postal a contribué à intégrer l'économie romaine et à favoriser les connexions entre les régions. Par exemple, un commerçant gaulois pourrait utiliser le système postal pour envoyer un message à un fournisseur en Égypte, organisant l'expédition de marchandises telles que des céréales, du vin ou des textiles. Cette capacité à échanger des informations et à coordonner le commerce sur de longues distances était essentielle au bon fonctionnement de l'économie romaine et contribuait à la prospérité de l'empire.

À mesure que les empires se développaient et que les économies devenaient plus complexes, les réseaux postaux ont évolué pour répondre aux besoins de leurs sociétés. L'un des exemples les plus remarquables de cette évolution est le système Yam de l'Empire mongol aux XIIIe et XIVe siècles. Les Mongols, sous la direction de Gengis Khan, ont créé un vaste réseau postal qui s'étendait sur leur immense empire, qui s'étendait de la Chine à l'Europe de l'Est. Le système Yam reposait sur un réseau de stations relais, où les coursiers pouvaient se reposer, changer de cheval et poursuivre leur voyage. Ce système permettait aux messages de parcourir jusqu'à 200 miles par jour, une vitesse incroyable pour l'époque.

Le système Yam était essentiel à la gouvernance, car il permettait aux dirigeants mongols de maintenir le contrôle sur leurs vastes territoires, de donner des ordres et de répondre aux crises en temps opportun. Il soutenait également le commerce en fournissant aux marchands un moyen fiable de communiquer et de coordonner leurs activités le long de la Route de la Soie, le réseau de routes commerciales reliant l'Est et l'Ouest. Le réseau postal mongol a contribué à créer un monde plus interconnecté, facilitant l'échange de biens, d'idées et de technologies entre différentes cultures.

Au début de l'Europe moderne, les réseaux postaux ont subi d'importantes réformes pour répondre aux besoins des États et des économies en expansion. Par exemple, aux XVIe et XVIIe siècles, de nombreux pays européens ont créé des services postaux publics pour améliorer la communication et soutenir la gouvernance. Ces systèmes postaux étaient souvent calqués sur des réseaux antérieurs, tels que le Cursus Publicus romain, mais incorporaient de nouvelles technologies et innovations. L'introduction de tarifs postaux standardisés, par exemple, a rendu plus facile et plus abordable l'envoi de lettres et de colis, intégrant ainsi davantage les économies et les sociétés.

Les réseaux postaux des débuts de l'Europe moderne ont également joué un rôle crucial dans la promotion du commerce et de la croissance économique. Les commerçants utilisaient le système postal pour échanger des informations sur les conditions du marché, négocier des contrats et coordonner le mouvement des marchandises. Cette capacité à communiquer rapidement et de manière fiable était essentielle au développement des réseaux commerciaux mondiaux, car elle permettait aux commerçants de répondre aux changements de l'offre et de la demande, de gérer les risques et de saisir de nouvelles opportunités. Le système postal a également soutenu la croissance des marchés financiers, car il a permis l'échange rapide d'informations sur les prix, les investissements et le crédit.

Outre leurs avantages économiques, les réseaux postaux sont indispensables à la gouvernance. Les dirigeants et les administrateurs s'appuyaient sur le système postal pour émettre des décrets, percevoir les impôts et maintenir l'ordre. Par exemple, sous le règne de Louis XIV en France, le service postal royal était utilisé pour délivrer des documents officiels, coordonner les campagnes militaires et surveiller les activités des gouverneurs de province. La capacité de communiquer rapidement et efficacement a permis au gouvernement central de conserver le contrôle de ses territoires et de répondre aux défis à mesure qu'ils se présentaient.

La démocratisation de la communication

Le développement des systèmes postaux et l'utilisation généralisée des lettres ont marqué un profond changement dans la manière de communiquer, permettant aux individus de différentes classes sociales de se connecter les uns aux autres sur de longues distances. Autrefois, la communication était souvent un privilège réservé à l'élite. Les rois, les nobles et les érudits avaient accès à des messagers et des scribes, tandis que la majorité des gens dépendaient du bouche à oreille ou n'avaient aucun moyen de communication à longue distance. Cependant, à mesure que les réseaux postaux se développaient et que l'écriture de lettres devenait plus abordable, la communication s'est démocratisée, permettant aux gens ordinaires de partager leurs pensées, leurs émotions et leurs expériences d'une manière qui était auparavant inimaginable.

L'expansion des systèmes postaux, comme le système postal romain *Cours public*, le système mongol Yam, et plus tard les services postaux publics de l'Europe moderne, ont joué un rôle crucial en rendant la communication plus accessible. Ces réseaux, initialement conçus pour un usage officiel et gouvernemental, se sont progressivement ouverts au public, permettant aux commerçants, aux voyageurs et finalement aux citoyens ordinaires d'envoyer et de recevoir des lettres. Aux XVIIIe et XIXe siècles, les réformes postales dans de nombreux pays, telles que l'introduction de tarifs postaux standardisés et de timbres prépayés, ont rendu la rédaction de lettres abordable pour des personnes de tous horizons. Cette accessibilité a transformé la communication, permettant aux familles, aux amis et même aux étrangers de maintenir des liens sur de grandes distances.

Les lettres sont devenues un puissant moyen d'expression personnelle. Contrairement aux documents officiels ou aux proclamations publiques, les lettres étaient intimes et personnelles, écrites d'un individu à un autre. Ils permettaient aux gens de partager leurs pensées, émotions et idées les plus intimes d'une manière qui semblait privée et significative. Pour les familles séparées par la distance, les lettres constituaient une bouée de sauvetage, contribuant à maintenir les liens et à apporter du réconfort. Un parent pourrait écrire à un enfant qui étudie dans une autre ville pour lui offrir des conseils et des encouragements. Un soldat sur le champ de bataille pourrait envoyer une lettre à son domicile, rassurant ses proches sur leur sécurité et partageant ses espoirs et ses craintes. Ces échanges de paroles créaient un sentiment de proximité, même lorsque la distance physique rendait impossible d'être ensemble.

En temps de guerre, les lettres jouaient un rôle particulièrement important dans le maintien du moral. Les soldats et leurs familles comptaient sur la correspondance pour rester en contact, s'offrant mutuellement force et soutien face à l'incertitude et aux difficultés. Par exemple, pendant la Première et la Seconde Guerre mondiale, des millions de lettres ont été échangées entre les soldats et leurs proches. Ces lettres étaient souvent remplies d'expressions d'amour, d'espoir et de désir, procurant un sentiment de normalité et d'humanité au milieu du chaos de la guerre. Pour beaucoup, l'arrivée d'une lettre a été un moment de joie et de soulagement, un rappel qu'ils n'étaient pas seuls.

Au-delà des liens personnels, les lettres sont également devenues un moyen d'échange de connaissances et de culture. Au XVIIIe siècle, au siècle des Lumières, les lettres constituaient une capacité essentielle pour les intellectuels de partager des idées et de s'engager dans des débats. Des philosophes comme Voltaire, Rousseau et Diderot ont utilisé la correspondance pour discuter de sujets tels que la raison, la liberté et les droits de l'homme, façonnant ainsi les mouvements intellectuels de leur époque. Ces lettres n'étaient pas de simples échanges privés ; ils étaient souvent partagés, publiés et diffusés, influençant l'opinion publique et inspirant le changement. La démocratisation de la communication par lettres a permis aux idées de se diffuser plus largement, faisant tomber les barrières entre les classes sociales et favorisant un sentiment d'humanité partagée.

L'impact de la rédaction de lettres s'étend au-delà des cercles intellectuels. Les gens ordinaires utilisaient des lettres pour partager des nouvelles, raconter des histoires et préserver les traditions. Un agriculteur peut écrire à un parent dans une autre ville pour décrire la récolte et les événements locaux. Une jeune femme peut correspondre avec un ami, partageant ses rêves et ses aspirations. Ces lettres, souvent écrites dans un langage simple, capturaient la vie quotidienne des gens et ouvraient une fenêtre sur leur monde. Ils ont contribué à créer un sentiment de communauté et de connexion, même parmi ceux qui ne s'étaient jamais rencontrés en personne.

La démocratisation de la communication par lettres a également eu un impact profond sur l'alphabétisation. À mesure que de plus en plus de personnes commençaient à écrire et à recevoir des lettres, la capacité de lire et d'écrire devenait de plus en plus importante. Cette demande d'alphabétisation a encouragé la diffusion de l'éducation, les individus cherchant à acquérir les compétences nécessaires pour participer à cette nouvelle forme de communication. De cette manière, les lettres connectaient non seulement les gens, mais contribuaient également au développement plus large de la société, favorisant une culture d'apprentissage et d'expression de soi.

Les systèmes postaux à l'ère de l'industrialisation

L'ère de l'industrialisation a apporté des changements radicaux dans presque tous les aspects de la vie humaine, et les systèmes postaux ne font pas exception. Au cours de la révolution industrielle, qui a commencé à la fin du XVIIIe siècle et s'est poursuivie jusqu'au XIXe siècle, les réseaux postaux ont évolué et se sont considérablement étendus, transformant la communication et connectant les personnes, les entreprises et les gouvernements à une échelle sans précédent. Les progrès en matière de transport, de technologie et d'infrastructure ont révolutionné la rapidité, l'efficacité et l'accessibilité des services postaux, ce qui en a fait un élément essentiel de la société moderne.

Avant l'industrialisation, les systèmes postaux étaient souvent lents et d'une portée limitée. Les messages voyageaient en calèche ou à pied, et la livraison des lettres et des colis pouvait prendre des semaines, voire des mois, surtout sur de longues distances. Cependant, la révolution industrielle a introduit de nouveaux modes de transport qui ont révolutionné la manière dont le courrier était livré. Les chemins de fer, par exemple, ont changé la donne pour les services postaux. Les trains pourraient transporter de grandes quantités de courrier à grande vitesse, reliant les villes plus efficacement que jamais. Une lettre qui prenait autrefois des jours pour voyager entre deux endroits pouvait désormais arriver en quelques heures. Les chemins de fer ont également permis d'établir des horaires de courrier réguliers et fiables, garantissant que les personnes et les entreprises puissent compter sur une communication rapide.

Les navires à vapeur ont encore élargi la portée des systèmes postaux, permettant au courrier de traverser les océans et de relier les continents. Avant l'avènement des bateaux à vapeur, le courrier international reposait sur des voiliers, qui étaient à la merci du vent et des intempéries. Les navires à vapeur, propulsés par des moteurs, étaient plus rapides et plus fiables, réduisant ainsi le temps nécessaire aux lettres et aux colis pour voyager entre l'Europe, les Amériques et d'autres parties du monde. Cette avancée était particulièrement importante pour le commerce et la diplomatie mondiale, car elle permettait aux entreprises et aux gouvernements de communiquer plus efficacement sur de grandes distances.

L'industrialisation a également apporté des innovations qui ont rendu les services postaux plus accessibles au grand public. L'un des développements les plus marquants a été l'introduction du timbre-poste. En 1840, la Grande-Bretagne a introduit le Penny Black, le premier timbre-poste adhésif au monde. Cette invention petite mais révolutionnaire a simplifié le processus d'envoi de courrier. Avant les timbres, le coût d'envoi d'une lettre était souvent payé par le destinataire, et les tarifs variaient en fonction de la distance et d'autres facteurs, rendant le système compliqué et incohérent. Le Penny Black a introduit un tarif standardisé, permettant à quiconque d'envoyer une lettre n'importe où dans le pays pour un seul centime. Cette innovation a démocratisé la communication, rendant l'envoi et la réception de courrier abordables et faciles pour les gens ordinaires.

Le succès du Penny Black a incité d'autres pays à adopter des systèmes similaires. Au milieu du XIXe siècle, de nombreux pays d'Europe et d'Amérique du Nord avaient introduit des timbres-poste et des tarifs standardisés, transformant ainsi leurs réseaux postaux en services publics efficaces et accessibles. Ces changements ont permis aux individus, aux entreprises et aux gouvernements de communiquer plus efficacement, favorisant ainsi la croissance économique, la cohésion sociale et les connexions mondiales.

L'expansion des systèmes postaux nationaux à l'ère de l'industrialisation témoigne du pouvoir transformateur du progrès industriel. Aux États-Unis, par exemple, la création du service postal américain et la construction de chemins de fer transcontinentaux au XIXe siècle ont créé un vaste réseau postal interconnecté. Ce réseau reliait non seulement les villes et les villages, mais atteignait également les zones rurales isolées, garantissant que même les communautés les plus isolées pouvaient participer à l'échange d'informations et de biens. De même, en Europe, des pays comme la France, l'Allemagne et la Grande-Bretagne ont investi massivement dans leur infrastructure postale, en construisant des réseaux de bureaux de poste, de lignes ferroviaires et d'itinéraires de livraison qui rapprochent les personnes et les entreprises.

L'impact de ces réseaux postaux sur le commerce fut profond. Les entreprises comptaient sur le système postal pour envoyer des factures, des contrats et des commandes, ce qui leur permettait de fonctionner plus efficacement et d'étendre leur portée. Les catalogues et les services de vente par correspondance sont devenus populaires, permettant aux consommateurs d'acheter des produits auprès de fournisseurs éloignés et de les faire livrer à leur porte. Cette nouvelle façon de faire des affaires a non seulement stimulé l'activité économique, mais a également jeté les bases d'un commerce électronique moderne.

Les systèmes postaux ont également joué un rôle crucial dans la diffusion des idées et des informations. Les journaux, les magazines et les livres pouvaient désormais être distribués rapidement et largement, atteignant un public auparavant hors de portée. Cette diffusion des connaissances a alimenté les mouvements intellectuels et culturels, depuis les Lumières jusqu'à l'essor de l'éducation de masse. Les gens pouvaient rester informés de l'actualité, se renseigner sur les nouvelles technologies et s'intéresser aux idées des penseurs et des écrivains du monde entier. Le système postal est devenu un pont entre les cultures, favorisant un sentiment d'interconnexion mondiale.

Sur le plan personnel, l'expansion des services postaux a renforcé les relations et rapproché les gens. Les familles séparées par la distance pouvaient rester en contact par le biais de lettres, partageant des nouvelles, des émotions et des expériences. Les immigrants qui avaient déménagé dans de nouveaux pays pouvaient maintenir des liens avec leurs proches restés chez eux, atténuant ainsi la douleur de la séparation et créant un sentiment de continuité dans leur vie. La capacité de communiquer à distance a contribué à établir et à entretenir des relations personnelles et professionnelles, donnant l'impression que le monde est plus petit et plus connecté.

Chapitre 6

Le télégraphe et le téléphone

Le télégraphe

L'invention du télégraphe au XIXe siècle a marqué un moment révolutionnaire dans l'histoire de l'humanité, transformant la communication d'une manière qui était auparavant inimaginable. Pour la première fois, les messages pouvaient être envoyés presque instantanément sur de longues distances, remplaçant ainsi les méthodes plus lentes des lettres, des messagers et des systèmes postaux. Le télégraphe n'était pas seulement une avancée technologique ; c'était le fondement des réseaux de communication modernes, ouvrant la voie à une nouvelle ère de connectivité mondiale et d'échange d'informations en temps réel.

Le développement du télégraphe est le résultat d'années d'expérimentation et d'innovation dans le domaine de l'électricité. Les premières tentatives visant à créer un système de transmission électrique de messages ont commencé à la fin du XVIIIe siècle, mais ce n'est que dans les années 1830 et 1840 que le télégraphe tel que nous le connaissons a commencé à prendre forme. Samuel Morse, inventeur et artiste américain, a joué un rôle central dans ce processus. Travaillant aux côtés d'Alfred Vail et de Leonard Gale, Morse a développé un système télégraphique pratique et fiable qui utilisait des signaux électriques pour transmettre des messages par fil. Pour faire fonctionner ce système, Morse a également créé un code, connu plus tard sous le nom de code Morse, qui attribuait des points et des tirets aux lettres et aux chiffres, permettant aux messages d'être codés et décodés rapidement et efficacement.

La première démonstration réussie du système télégraphique de Morse a eu lieu en 1844, lorsqu'un message a été envoyé de Washington, D.C., à Baltimore, dans le Maryland. Le message « Qu'est-ce que Dieu a accompli » était une phrase biblique qui capturait l'admiration et l'importance de cette réalisation révolutionnaire. Cette démonstration a prouvé que le télégraphe pouvait transmettre des messages sur de longues distances presque instantanément, ouvrant la voie à son adoption généralisée.

Le télégraphe a révolutionné la communication en remplaçant les méthodes plus lentes et plus exigeantes en main-d'œuvre par un système permettant l'échange d'informations en temps réel. Avant le télégraphe, les messages devaient être physiquement transportés par des messagers, des navires ou des services postaux, ce qui pouvait prendre des jours, des semaines, voire des mois pour atteindre leur destination. Le télégraphe a éliminé ces délais, permettant aux gens d'envoyer et de recevoir des messages en quelques minutes. Cette nouvelle vitesse a eu un impact profond sur la société, transformant le commerce, la gouvernance, le journalisme et la vie quotidienne.

Dans le monde du commerce, le télégraphe est devenu une capacité indispensable pour les entreprises. Les marchands et les commerçants l'utilisaient pour coordonner le mouvement des marchandises, négocier les prix et se tenir informés des conditions du marché. Par exemple, les bourses s'appuyaient sur le télégraphe pour transmettre des données financières, permettant ainsi aux investisseurs de prendre des décisions basées sur des informations à jour. Le télégraphe a également joué un rôle crucial dans le développement des chemins de fer, car il a permis aux compagnies ferroviaires de gérer les horaires, de prévenir les accidents et de communiquer avec les gares situées le long de leurs itinéraires. En permettant aux entreprises de fonctionner plus efficacement et de répondre aux changements en temps réel, le télégraphe a contribué à la croissance rapide des économies industrielles.

Les gouvernements eux aussi ont rapidement reconnu la valeur du télégraphe à des fins militaires et administratives. En temps de guerre, le télégraphe permettait aux commandants de donner des ordres, de recueillir des renseignements et de coordonner les mouvements de troupes à une vitesse sans précédent. Par exemple, pendant la guerre civile américaine, les armées de l'Union et confédérées utilisaient le télégraphe pour communiquer sur de vastes champs de bataille, leur conférant ainsi un avantage stratégique. En temps de paix, les gouvernements utilisaient le télégraphe pour gérer leurs territoires, collecter des impôts et répondre aux crises. La capacité de transmettre des informations instantanément a contribué à centraliser l'autorité et à améliorer l'efficacité de la gouvernance.

Le télégraphe a également transformé le journalisme, ouvrant la voie à l'ère des reportages d'information en temps réel. Avant le télégraphe, les nouvelles voyageaient souvent lentement, arrivant des jours ou des semaines après qu'un événement se soit produit. Grâce au télégraphe, les journalistes pouvaient envoyer des mises à jour presque immédiatement depuis le terrain, permettant ainsi aux journaux de publier les dernières nouvelles. Cette innovation a changé la façon dont les gens consommaient l'information, créant ainsi un public plus informé et connecté. Un exemple notable de l'impact du télégraphe sur le journalisme est son rôle dans les reportages sur la guerre de Crimée (1853-1856), où les correspondants utilisaient le télégraphe pour envoyer des mises à jour directement depuis le champ de bataille, donnant aux lecteurs un sentiment d'immédiateté et d'urgence.

L'importance mondiale du télégraphe est devenue encore plus évidente avec la construction du premier câble télégraphique transatlantique en 1858. Ce projet ambitieux reliait l'Europe et l'Amérique du Nord, permettant d'envoyer des messages à travers l'océan Atlantique en quelques minutes. Bien que le premier câble soit tombé en panne après quelques semaines, les efforts ultérieurs ont abouti et, en 1866, un câble transatlantique permanent était en place. Cette réalisation a marqué le début des réseaux de communication mondiaux, réduisant le monde et favorisant le commerce international, la diplomatie et les échanges culturels.

L'impact du télégraphe sur la société fut profond. Cela a non seulement révolutionné la façon dont les gens communiquaient, mais a également changé leur perception du temps et de la distance. Pour la première fois dans l'histoire, l'information a pu voyager plus vite que les personnes ou les biens, créant ainsi un sentiment d'immédiateté et d'interconnexion qui a remodelé le monde moderne. Le télégraphe a également jeté les bases de futures innovations en matière de communication, telles que le téléphone, la radio et, éventuellement, Internet. En démontrant le pouvoir de la communication instantanée, le télégraphe a ouvert la voie à l'ère numérique dans laquelle nous vivons aujourd'hui.

Comment le télégraphe a révolutionné les affaires, la guerre et le journalisme

L'invention du télégraphe au XIXe siècle a révolutionné la façon dont les gens communiquaient, transformant non seulement la correspondance personnelle mais aussi les domaines critiques des affaires, de la guerre et du journalisme. En permettant aux messages d'être transmis presque instantanément sur de longues distances, le télégraphe a remodelé le fonctionnement des entreprises, la manière dont les guerres étaient menées et la manière dont les informations étaient rapportées. Il s'agit d'une avancée technologique qui a connecté le monde d'une manière qui n'avait jamais été possible auparavant, créant ainsi les bases de la société moderne et interconnectée dans laquelle nous vivons aujourd'hui.

Dans le monde des affaires, le télégraphe a tout simplement changé la donne. Avant son invention, les entreprises comptaient sur les lettres, les messagers et les navires pour communiquer, ce qui pouvait prendre des jours, des semaines, voire des mois selon la distance. Le télégraphe a éliminé ces délais, permettant aux entreprises d'envoyer et de recevoir des informations en temps réel. Cette nouvelle vitesse a transformé des secteurs comme le commerce, la finance et les transports, leur permettant de fonctionner plus efficacement et d'étendre leur portée.

L'une des industries les plus profondément touchées par le télégraphe a été le chemin de fer. Les chemins de fer constituaient l'épine dorsale des économies industrielles, transportant des marchandises et des personnes sur de vastes distances. Cependant, gérer les horaires des trains et prévenir les accidents était un défi complexe. Le télégraphe a apporté une solution en permettant aux opérateurs ferroviaires de communiquer instantanément avec les gares et les trains le long de leurs itinéraires. Les répartiteurs pourraient coordonner les horaires, réacheminer les trains et répondre aux urgences en temps réel, rendant ainsi les voyages en train plus sûrs et plus fiables. Cette efficacité a permis aux chemins de fer d'étendre leurs réseaux et de jouer un rôle encore plus important dans la croissance économique.

Le télégraphe a également révolutionné les marchés financiers. Les bourses, qui comptaient auparavant sur des coursiers pour fournir des mises à jour des prix, ont commencé à utiliser le télégraphe pour transmettre des données financières presque instantanément. Les investisseurs peuvent désormais prendre des décisions fondées sur des informations actualisées, et les marchés sont devenus plus dynamiques et interconnectés. Par exemple, la Bourse de New York a utilisé le télégraphe pour partager les cours des actions avec d'autres villes, créant ainsi un réseau financier national. Cette capacité à échanger des informations rapidement et avec précision a aidé les entreprises à se développer et a contribué à l'essor du commerce mondial.

En plus de transformer le monde des affaires, le télégraphe a eu un impact profond sur la guerre. Avant le télégraphe, les chefs militaires devaient souvent s'appuyer sur des messagers ou des dépêches écrites pour communiquer avec leurs troupes, ce qui pouvait entraîner des retards importants. Le télégraphe a changé la donne en permettant aux commandants d'envoyer et de recevoir des mises à jour en temps réel, de coordonner les mouvements de troupes et de gérer plus efficacement la logistique. Cette capacité à communiquer instantanément a donné aux chefs militaires un avantage stratégique, leur permettant de réagir aux conditions changeantes sur le champ de bataille.

L'un des premiers exemples du rôle du télégraphe dans la guerre remonte à la guerre de Crimée (1853-1856). Les commandants britanniques utilisaient le télégraphe pour communiquer avec les responsables de Londres, les informant de l'effort de guerre et recevant des instructions du gouvernement. C'était la première fois qu'une guerre était gérée en temps réel depuis une capitale lointaine, créant ainsi un précédent pour la stratégie militaire moderne.

La guerre civile américaine (1861-1865) démontra encore davantage l'importance du télégraphe dans la guerre. Les armées de l'Union et confédérées utilisaient des lignes télégraphiques pour coordonner leurs opérations, recueillir des renseignements et émettre des ordres. Le président Abraham Lincoln a passé des heures au bureau du télégraphe, utilisant la technologie pour se tenir informé de l'évolution de la guerre et communiquer directement avec ses généraux. Le télégraphe a permis à l'Union de mobiliser plus efficacement ses ressources, contribuant ainsi à sa victoire finale. Cela a également mis en évidence la vulnérabilité des lignes télégraphiques, car les deux camps les ont fréquemment ciblées pour perturber les communications ennemies.

L'impact du télégraphe s'est étendu au-delà des affaires et de la guerre : il a également transformé le journalisme, ouvrant la voie à une nouvelle ère de reportage d'information en temps réel. Avant le télégraphe, les nouvelles voyageaient souvent lentement, arrivant des jours ou des semaines après qu'un événement se soit produit. Le télégraphe a changé la donne en permettant aux journalistes d'envoyer des mises à jour presque immédiatement depuis le terrain, permettant ainsi aux journaux de publier des informations de dernière minute. Cette innovation a créé un public plus informé et connecté, car les gens peuvent désormais être informés des événements qui se déroulent dans des régions éloignées du monde en temps quasi réel.

L'essor des services de presse, tels que l'Associated Press (AP), était le résultat direct des capacités du télégraphe. Fondée en 1846, l'AP a utilisé le télégraphe pour rassembler et diffuser des informations aux journaux à travers les États-Unis. Cela a permis à de petites publications d'accéder à l'actualité nationale et internationale, égalisant ainsi les règles du jeu et garantissant qu'un plus grand nombre de personnes aient accès aux informations importantes. Le télégraphe a également permis aux journaux de couvrir des événements mondiaux, tels que les guerres, les développements politiques et les catastrophes naturelles, favorisant ainsi un sentiment de conscience mondiale et d'interconnexion.

Un exemple notable de l'impact du télégraphe sur le journalisme est son rôle dans la couverture de l'assassinat du président Abraham Lincoln en 1865. La nouvelle de l'assassinat a été transmise par télégraphe aux villes des États-Unis en quelques heures, permettant aux journaux d'informer le public presque immédiatement. Cette diffusion rapide de l'information a marqué un tournant dans l'histoire du journalisme, démontrant le pouvoir du télégraphe pour façonner l'opinion publique et créer un sentiment d'expérience partagé.

La capacité du télégraphe à transmettre des informations rapidement et avec précision a eu des conséquences considérables sur la société. En affaires, cela a permis aux entreprises de fonctionner plus efficacement, d'élargir leurs marchés et de participer au commerce mondial. En temps de guerre, cela donnait aux chefs militaires un avantage stratégique, leur permettant de coordonner leurs forces et de réagir aux conditions changeantes en temps réel. Dans le domaine du journalisme, cela a créé un public plus informé et plus connecté, transformant la façon dont les gens consomment l'information et comprennent le monde qui les entoure.

Le téléphone

L'invention du téléphone à la fin du XIXe siècle a révolutionné la communication, en transmettant les voix à distance et en transformant la façon dont les gens se connectaient les uns aux autres. Pour la première fois dans l'histoire, des individus pouvaient se parler en temps réel, quelle que soit la distance qui les séparait. Cette percée a non seulement amélioré les technologies de communication antérieures, telles que le télégraphe, mais a également jeté les bases du monde moderne et interconnecté dans lequel nous vivons aujourd'hui. Le téléphone est devenu un symbole de progrès et de modernité, changeant à jamais les relations personnelles, les opérations commerciales et la communication gouvernementale.

Le voyage vers l'invention du téléphone a été marqué par des années d'expérimentation et d'innovation. Alors que le télégraphe avait déjà démontré la puissance de la transmission de messages sur de longues distances à l'aide de signaux électriques, il se limitait à l'envoi de messages textuels sous forme de code Morse. L'idée de transmettre électriquement la voix humaine était un défi bien plus complexe. Alexander Graham Bell, inventeur d'origine écossaise et enseignant pour sourds, a été l'un des pionniers à relever ce défi. En collaboration avec son assistant, Thomas Watson, Bell a développé un appareil capable de convertir les ondes sonores en signaux électriques, puis de les reconvertir en ondes sonores, permettant ainsi la transmission des voix sur un fil.

Le 10 mars 1876, Bell testa avec succès son invention en prononçant les mots désormais célèbres : « M. Watson, venez ici, je veux vous voir ». Watson, qui se trouvait dans une autre pièce, a entendu clairement la voix de Bell à travers l'appareil, marquant la naissance du téléphone. L'invention de Bell était révolutionnaire car elle permettait des conversations directes, personnelles et immédiates, ce que le télégraphe ne pouvait pas réaliser. Alors que le télégraphe nécessitait des opérateurs qualifiés pour encoder et décoder les messages, le téléphone permettait à chacun de parler et d'être entendu, rendant la communication plus naturelle et accessible.

Le téléphone a rapidement gagné en popularité et son impact sur la société a été profond. L'une des façons les plus significatives par lesquelles le téléphone a transformé la communication a été le renforcement des relations personnelles. Avant le téléphone, rester en contact avec ses proches sur de longues distances nécessitait souvent d'écrire des lettres, qui pouvaient mettre des jours ou des semaines à arriver. Le téléphone a changé la donne en permettant aux familles et aux amis d'entendre la voix de chacun en temps réel, créant ainsi un sentiment de proximité malgré la séparation physique. Une mère pourrait parler à son enfant étudiant dans une autre ville, ou un soldat stationné loin de chez lui pourrait entendre la voix réconfortante d'un être cher. Le téléphone a rapproché les gens d'une manière qui était auparavant impossible, donnant l'impression que le monde est plus petit et plus connecté.

En plus de transformer les relations personnelles, le téléphone a révolutionné les opérations commerciales. Les entreprises ont rapidement reconnu la valeur du téléphone pour coordonner leurs activités, améliorer le service client et étendre leur portée. Les entreprises peuvent désormais communiquer instantanément avec leurs fournisseurs, leurs clients et leurs employés, rationalisant ainsi leurs opérations et augmentant leur efficacité. Par exemple, un directeur d'usine pourrait utiliser le téléphone pour passer une commande urgente de matières premières, garantissant ainsi que la production se poursuivra sans retard. Les détaillants pouvaient prendre les commandes des clients par téléphone, offrant ainsi un niveau de commodité qui n'avait jamais été possible auparavant. Le téléphone est devenu une capacité essentielle pour le commerce, moteur de la croissance économique et de l'innovation.

Les gouvernements ont également adopté le téléphone comme une puissante capacité d'administration et de diplomatie. La capacité de communiquer instantanément a permis aux responsables gouvernementaux de réagir plus rapidement aux crises, de coordonner leurs politiques et de gérer leurs territoires plus efficacement. Par exemple, lors de situations d'urgence, telles que des catastrophes naturelles ou des conflits militaires, le téléphone a permis une communication rapide entre les différentes branches du gouvernement, garantissant ainsi une réponse rapide et coordonnée. Les diplomates utilisaient le téléphone pour négocier des accords et maintenir le contact avec leurs homologues d'autres pays, rendant ainsi les relations internationales plus efficaces et plus dynamiques.

L'impact sociétal du téléphone a été encore amplifié par l'expansion rapide des réseaux téléphoniques à la fin du XIXe et au début du XXe siècle. Aux États-Unis, la Bell Telephone Company (fondée par Alexander Graham Bell) a joué un rôle de premier plan dans la construction de l'infrastructure nécessaire pour relier les villes et les zones rurales. Au début du XXe siècle, des millions de personnes avaient accès au téléphone et le nombre de lignes téléphoniques a continué de croître rapidement. Des évolutions similaires se sont produites en Europe et dans d'autres parties du monde, alors que les gouvernements et les entreprises privées ont investi dans les réseaux téléphoniques pour connecter leurs populations.

L'un des aspects les plus remarquables de l'expansion du téléphone a été sa capacité à combler les fossés sociaux et économiques. Alors que les téléphones étaient au départ un article de luxe réservé aux riches, les progrès technologiques et les économies d'échelle les ont finalement rendus plus abordables et accessibles au grand public. Au milieu du XXe siècle, les téléphones étaient devenus un élément courant dans les foyers et les entreprises, symbolisant le progrès et la modernité.

Le téléphone a également ouvert la voie à de futures innovations en matière de technologies de communication. Il a jeté les bases du développement des téléphones mobiles, d'Internet et d'autres systèmes de communication numérique qui continuent de façonner notre monde aujourd'hui. Les principes derrière l'invention de Bell – convertir le son en signaux électriques et les transmettre sur un réseau – restent au cœur des technologies de communication modernes.

Impacts sociaux et économiques des premières télécommunications

L'invention des premières technologies de télécommunications, telles que le télégraphe et le téléphone, a marqué un tournant dans l'histoire de l'humanité, révolutionnant la manière dont les gens échangeaient des informations et interagissaient les uns avec les autres. Ces innovations ont transformé les sociétés et les économies en permettant une communication instantanée, ce qui était impossible avec les méthodes traditionnelles comme les lettres ou les messagers. La capacité de transmettre des informations rapidement et de manière fiable sur de longues distances a transformé les industries, renforcé les relations personnelles et favorisé un sentiment d'interconnexion mondiale qui continue de définir le monde moderne.

Avant l'avènement des télécommunications, les communications sur de longues distances étaient lentes et peu fiables. Les messages devaient être physiquement transportés par des messagers, des navires ou des services postaux, ce qui pouvait prendre des jours, des semaines, voire des mois pour atteindre leur destination. Le télégraphe, inventé au début du XIXe siècle, a changé la donne en permettant la transmission presque instantanée de messages à l'aide de signaux électriques. Samuel Morse, l'un des principaux pionniers du télégraphe, a développé le code Morse, un système de points et de tirets pouvant représenter des lettres et des chiffres. Cette innovation a permis d'envoyer des messages détaillés de manière rapide et précise sur de longues distances, révolutionnant ainsi la communication. Le téléphone, inventé par Alexander Graham Bell en 1876, s'appuie sur le succès du télégraphe en permettant aux gens de transmettre leur voix en temps réel.

Contrairement au télégraphe, qui nécessitait des opérateurs qualifiés pour encoder et décoder les messages, le téléphone permettait des conversations directes et personnelles, rendant la communication plus naturelle et accessible.

Les impacts économiques de ces technologies ont été profonds. Les entreprises ont rapidement reconnu la valeur des télécommunications pour améliorer l'efficacité, élargir les marchés et coordonner les opérations. Le télégraphe, en particulier, est devenu une capacité essentielle pour des secteurs tels que la finance, les transports et le commerce. Dans le monde de la finance, le télégraphe a révolutionné le fonctionnement des marchés boursiers. Avant le télégraphe, les cours boursiers et les informations financières étaient transmis par courrier, ce qui entraînait souvent des retards et des inefficacités. Le télégraphe a permis aux bourses de partager des données en temps réel, permettant ainsi aux investisseurs de prendre des décisions plus rapides et plus éclairées. Cette innovation a contribué à créer un système financier plus dynamique et interconnecté, jetant ainsi les bases de marchés mondiaux modernes.

L'industrie des transports, en particulier les chemins de fer, a également grandement bénéficié des télécommunications. Les chemins de fer constituaient l'épine dorsale des économies industrielles, transportant des marchandises et des personnes sur de vastes distances. Cependant, gérer les horaires des trains et prévenir les accidents était un défi complexe. Le télégraphe a apporté une solution en permettant aux opérateurs ferroviaires de communiquer instantanément avec les gares et les trains le long de leurs itinéraires. Les répartiteurs pourraient coordonner les horaires, réacheminer les trains et répondre aux urgences en temps réel, rendant ainsi les voyages en train plus sûrs et plus efficaces.

Cette efficacité a permis aux chemins de fer d'étendre leurs réseaux et de jouer un rôle encore plus important dans la croissance économique.

Les échanges et le commerce ont également été transformés par les télécommunications. Les marchands et les commerçants utilisaient le télégraphe pour négocier les prix, passer des commandes et coordonner le mouvement des marchandises. Par exemple, un commerçant de Londres pourrait utiliser le télégraphe pour communiquer avec des fournisseurs en Inde, garantissant ainsi que les expéditions de thé ou d'épices arrivent à temps. Le téléphone a encore amélioré ces capacités en permettant aux entreprises d'avoir des conversations directes, rendant les négociations plus rapides et plus personnelles. Ces technologies ont non seulement rationalisé les opérations, mais ont également permis aux entreprises d'étendre leur portée, en connectant les marchés locaux aux réseaux commerciaux mondiaux. En connectant des régions éloignées et en permettant une prise de décision plus rapide, le télégraphe et le téléphone ont contribué à l'essor du commerce mondial, favorisant la croissance économique et créant de nouvelles opportunités de commerce et d'investissement.

Les impacts sociaux des premières télécommunications ont été tout aussi transformateurs que les impacts économiques. En permettant une communication en temps réel à distance, le télégraphe et le téléphone ont rapproché les gens, remodelant les relations personnelles et créant de nouvelles opportunités d'interaction sociale. L'un des impacts sociaux les plus significatifs de ces technologies était leur capacité à renforcer les liens familiaux. Avant le téléphone, les familles séparées par la distance comptaient souvent sur des lettres pour rester en contact, qui pouvaient mettre des semaines à arriver. Le téléphone a changé la donne en permettant aux gens d'entendre la voix de chacun en temps réel, créant ainsi un sentiment de proximité malgré la séparation physique. Un parent pourrait parler à un enfant étudiant dans une autre ville, ou un soldat stationné loin de chez lui pourrait entendre la voix réconfortante d'un être cher. Le téléphone est devenu une bouée de sauvetage pour maintenir les liens personnels, donnant l'impression que le monde est plus petit et plus connecté.

Les télécommunications ont également joué un rôle dans la formation de l'opinion publique et la diffusion de l'information. Le télégraphe, par exemple, a révolutionné le journalisme en permettant la transmission rapide d'informations depuis des lieux éloignés. Des services de presse comme Associated Press utilisaient le télégraphe pour recueillir et diffuser des informations, permettant ainsi aux journaux de rendre compte des événements mondiaux en temps quasi réel. Cette innovation a créé un public plus informé et connecté, car les gens pouvaient désormais être informés des événements qui se déroulaient dans d'autres parties du monde presque au fur et à mesure qu'ils se produisaient. Le téléphone a encore amélioré cette capacité en permettant aux journalistes de mener des interviews et de recueillir des informations plus rapidement et plus efficacement. Le sentiment d'interconnexion mondiale favorisé par les télécommunications a également des implications sociales plus larges. En connectant les personnes et les lieux, ces technologies ont contribué à briser les barrières entre les cultures et à favoriser un sentiment d'humanité partagée. Par exemple, en période de crise, comme les catastrophes naturelles ou les guerres, le télégraphe et le téléphone permettaient aux gens de coordonner les efforts de secours et d'offrir un soutien à ceux qui en avaient besoin. Cette capacité à communiquer a instantanément créé de nouvelles opportunités de collaboration et de solidarité, tant au sein des sociétés qu'entre elles.

Les impacts sociaux et économiques des premières technologies de télécommunications, telles que le télégraphe et le téléphone, ont été profonds et de grande envergure. En permettant un échange instantané d'informations, ces innovations ont révolutionné la communication, transformant le fonctionnement des entreprises, la façon dont les gens se connectaient les uns aux autres et le fonctionnement des sociétés. Le télégraphe et le téléphone ont non seulement rationalisé les activités économiques, telles que le commerce, la finance et les transports, mais ont également renforcé les relations personnelles, façonné l'opinion publique et favorisé un sentiment d'interconnexion mondiale. Ces technologies ont jeté les bases des réseaux de communication modernes qui continuent de façonner notre monde aujourd'hui, démontrant le pouvoir de l'innovation pour rapprocher les personnes et les idées.

Chapitre 7

Radio et télévision

La naissance de la radio

La naissance de la radio a été une réalisation monumentale dans l'histoire de la communication, transformant la manière dont les gens partageaient des informations et se connectaient les uns aux autres. Ce qui a commencé comme une capacité de transmission de messages en code Morse sur de longues distances est devenu un puissant moyen de diffusion de divertissement, d'éducation et d'informations auprès d'un public de masse. Le parcours de la télégraphie sans fil aux émissions de radio a été marqué par des découvertes scientifiques révolutionnaires et des innovations technologiques qui ont jeté les bases des communications sans fil modernes.

Les origines de la radio remontent à la fin du XIXe siècle, lorsque les scientifiques ont commencé à explorer la possibilité de transmettre des messages sans utiliser de fils. L'une des figures clés de cette évolution fut Heinrich Hertz, un physicien allemand qui, dans les années 1880, démontra l'existence des ondes électromagnétiques. Les expériences de Hertz ont prouvé que ces ondes pouvaient voyager dans l'air, une découverte qui deviendra plus tard la base de la communication sans fil. Son travail a inspiré d'autres inventeurs et scientifiques à explorer comment exploiter les ondes électromagnétiques pour transmettre des informations.

S'appuyant sur les découvertes de Hertz, Nikola Tesla et Guglielmo Marconi ont apporté d'importantes contributions au développement de la technologie radio. Tesla, un brillant inventeur, a développé les premiers modèles de systèmes de communication sans fil et démontré la capacité de transmettre des signaux sur de courtes distances. Marconi, souvent considéré comme le père de la radio, a poussé ces idées plus loin en créant un système pratique de communication sans fil longue distance. En 1895, Marconi réussit à transmettre un signal sans fil sur une distance de plus d'un mile et, en 1901, il réalisa la première transmission transatlantique sans fil. Cette percée a prouvé qu'il était possible d'envoyer des messages sur de grandes distances sans avoir recours à des connexions physiques telles que des fils télégraphiques.

Dans ses premières années, la radio était principalement utilisée pour la communication point à point, tout comme le télégraphe. Il était particulièrement utile dans les contextes maritimes et militaires, où la capacité d'envoyer et de recevoir des messages sur de longues distances était essentielle. Les navires en mer pourraient utiliser la radio pour communiquer entre eux et avec les stations côtières, améliorant ainsi la sécurité et la coordination. Par exemple, lors du naufrage du Titanic en 1912, les opérateurs sans fil du navire ont envoyé des signaux de détresse qui ont été reçus par les navires à proximité, sauvant ainsi des centaines de vies. Dans les opérations militaires, la radio permettait aux commandants de coordonner les mouvements des troupes et de partager des renseignements en temps réel, leur conférant ainsi un avantage stratégique.

Alors que les premières radios se limitaient à la transmission de messages en code Morse, la technologie a rapidement évolué pour inclure la transmission de la voix et de la musique. Cette transition a marqué le début de la radio en tant que média de diffusion, capable d'atteindre simultanément un large public. L'une des premières étapes majeures de cette évolution a été franchie par l'inventeur canadien Reginald Fessenden, qui, en 1906, a réalisé avec succès la première diffusion de voix et de musique. La veille de Noël de cette année-là, Fessenden a diffusé un programme comprenant une lecture de la Bible et un spectacle de violon, qui a été entendu par les opérateurs à bord des navires en mer. Cet événement a démontré le potentiel de la radio pour aller au-delà de la communication point à point et devenir un moyen de communication de masse.

Cependant, la véritable naissance de la radiodiffusion a eu lieu dans les années 1920, lorsque les premières stations de radio commerciales ont commencé à fonctionner. En 1920, KDKA à Pittsburgh, en Pennsylvanie, est devenue la première station de radio autorisée à diffuser des programmes réguliers. Sa diffusion inaugurale a couvert les résultats de l'élection présidentielle américaine, marquant le début de la radio en tant que source d'actualités et d'informations pour le public. D'autres stations ont rapidement suivi et la radio est rapidement devenue un média populaire pour le divertissement, l'éducation et la diffusion d'informations.

Les impacts sociaux et culturels de la naissance de la radio ont été profonds. Pour la première fois, les gens pouvaient entendre de la musique live, des discours et des reportages dans le confort de leur foyer. La radio a apporté du divertissement et de l'information dans les zones rurales qui étaient auparavant isolées des événements culturels et politiques. Les familles se rassemblaient autour de leurs radios pour écouter des programmes, créant ainsi une expérience partagée qui rapprochait les gens. La radio a également joué un rôle important dans la formation de l'opinion publique, car elle a permis aux dirigeants et aux diffuseurs d'atteindre directement un large public. Par exemple, dans les années 1930, le président Franklin D. Roosevelt a utilisé ses « discussions au coin du feu » pour communiquer avec le peuple américain, le rassurant et le guidant pendant la Grande Dépression.

La radio est également devenue un puissant outil d'éducation et d'échange culturel. Les programmes éducatifs apportaient des connaissances aux auditeurs de tous âges, tandis que les émissions de musique et de théâtre présentaient au public de nouvelles formes et idées artistiques. La radio a contribué à faire tomber les barrières culturelles en exposant les gens à des perspectives et des traditions différentes, favorisant ainsi un sentiment d'interconnexion mondiale.

L'essor de la radiodiffusion a également eu un impact significatif sur l'industrie du divertissement. Musiciens, acteurs et comédiens ont trouvé de nouvelles opportunités de toucher le public, et la radio est devenue une rampe de lancement pour de nombreuses carrières. Les programmes populaires, tels que les émissions de variétés, les feuilletons et les feuilletons dramatiques, ont captivé les auditeurs et sont devenus un élément central de la vie quotidienne. La capacité de la radio à créer des images mentales vives grâce au son seul lui a valu le surnom de « théâtre de l'esprit », car elle permettait aux auditeurs d'imaginer les scènes et les personnages décrits.

La radio comme capacité de propagande, de divertissement et d'éducation

La radio est devenue l'une des technologies les plus influentes du XXe siècle, transformant la manière dont les gens recevaient des informations, profitaient des divertissements et accédaient à l'éducation. Sa capacité à atteindre un public de masse en temps réel en a fait un puissant moyen de façonner l'opinion publique, de créer des expériences culturelles partagées et de diffuser les connaissances. Les gouvernements, les artistes et les éducateurs ont reconnu le potentiel de la radio pour communiquer avec les gens à une échelle sans précédent, et ils l'ont utilisé pour influencer, inspirer et informer.

L'une des utilisations les plus importantes de la radio était son rôle de propagande, en particulier en temps de guerre et de bouleversements politiques. Les gouvernements et les dirigeants politiques ont compris que la radio pouvait toucher directement des millions de personnes, en contournant les obstacles traditionnels à la communication. Dans l'Allemagne nazie, Joseph Goebbels, ministre de la Propagande, utilisait la radio pour diffuser l'idéologie du régime et contrôler l'opinion publique. Les nazis ont produit des radios bon marché, connues sous le nom de « Volksempfänger » (récepteur du peuple), pour garantir que le plus grand nombre d'Allemands possible puissent écouter les émissions approuvées par l'État. Ces programmes ont été soigneusement conçus pour promouvoir les idéaux nazis, glorifier Adolf Hitler et diaboliser les ennemis du régime. En saturant les ondes de propagande, les nazis ont utilisé la radio pour manipuler la perception du public et maintenir le contrôle sur la population.

En revanche, Franklin D. Roosevelt, aux États-Unis, a utilisé la radio comme moyen de rassurer et d'unir le peuple américain dans des moments difficiles. Ses « Fireside Chats », une série d'allocutions radiophoniques informelles, étaient conçues pour expliquer les politiques gouvernementales et apporter du réconfort pendant la Grande Dépression et la Seconde Guerre mondiale. Le ton calme et conversationnel de Roosevelt donnait aux auditeurs l'impression qu'il s'adressait directement à eux, favorisant ainsi un sentiment de confiance et de connexion. Ces émissions ont contribué à rallier le soutien du public aux programmes du New Deal et aux efforts de guerre, démontrant le pouvoir de la radio pour inspirer confiance et solidarité.

Pendant la Seconde Guerre mondiale, la radio a joué un rôle essentiel en rassemblant des soutiens et en diffusant des informations. Les gouvernements alliés ont utilisé la radio pour diffuser des messages d'espoir et de résistance dans les territoires occupés, contrecarrant ainsi la propagande ennemie. Par exemple, les émissions de la BBC en Europe ont fourni des informations et des encouragements à ceux qui vivaient sous le régime nazi, tandis que des programmes comme « Voice of America » partageaient les idéaux de démocratie et de liberté. La radio a également tenu les citoyens informés de l'évolution de la guerre, créant ainsi un sentiment d'objectif et de détermination communs.

Au-delà de son utilisation en tant que capacité politique, la radio est devenue une source de divertissement appréciée, apportant la musique, le théâtre et la comédie dans les foyers. Au début du XXe siècle, la radio a révolutionné l'industrie du divertissement en rendant les spectacles accessibles à un public bien au-delà des théâtres et des salles de concert. Les familles se rassemblaient autour de leurs radios pour écouter des émissions de musique en direct, des feuilletons et des émissions de variétés, créant ainsi une expérience culturelle partagée qui transcendait les frontières géographiques.

Les séries dramatiques, souvent appelées « pièces radiophoniques » ou « feuilletons », sont devenues particulièrement populaires. Des programmes comme *L'Ombre* et *Le Ranger Solitaire* a captivé les auditeurs avec leurs histoires passionnantes et leurs personnages mémorables. Ces spectacles permettent aux gens de s'évader des défis de la vie quotidienne et de s'immerger dans des mondes imaginaires. Des programmes comiques, tels que *Le programme Jack Benny* et *Amos et Andy*, ont fait rire les foyers, tandis que les concerts ont fait découvrir au public de nouveaux genres et artistes. La radio a également joué un rôle clé dans la vulgarisation du jazz, du swing et d'autres styles musicaux, façonnant ainsi le paysage culturel de l'époque.

La nature communautaire du divertissement radiophonique a créé un sentiment de connexion entre les auditeurs. Des personnes d'horizons et de régions différents pourraient écouter les mêmes programmes, favorisant ainsi une identité culturelle partagée. Les stars de la radio sont devenues des noms connus et les slogans populaires des émissions sont entrés dans les conversations quotidiennes. Cette capacité à rassembler les gens a fait de la radio une force unificatrice dans la société, comblant les divisions et créant un sentiment d'appartenance.

En plus de ses rôles de propagande et de divertissement, la radio est devenue un puissant outil d'éducation, offrant un accès à l'information et des opportunités d'apprentissage aux personnes vivant dans des zones reculées ou mal desservies. Des programmes de radio éducatifs ont été développés pour enseigner l'alphabétisation, partager des conseils agricoles et diffuser des conférences sur un large éventail de sujets. Par exemple, aux États-Unis, des programmes tels que « National Farm and Home Hour » ont fourni aux agriculteurs des conseils pratiques et des mises à jour sur les politiques agricoles, contribuant ainsi à améliorer la productivité et les moyens de subsistance.

Dans les pays où l'accès à l'éducation formelle est limité, la radio est devenue une bouée de sauvetage pour l'apprentissage. Les gouvernements et les organisations ont utilisé la radio pour dispenser des cours aux enfants et aux adultes des zones rurales, où les écoles étaient rares, voire inexistantes. Ces programmes couvraient des matières telles que la lecture, l'écriture, les mathématiques et l'éducation sanitaire, dotant les individus de connaissances et de compétences. Dans certains cas, la radio était même utilisée pour enseigner des langues étrangères, permettant ainsi aux auditeurs de se connecter avec le reste du monde.

La radio joue également un rôle dans la diffusion des connaissances scientifiques et culturelles. Des programmes comprenant des entretiens avec des experts, des discussions sur l'actualité et des explorations de l'histoire et de l'art ont apporté un enrichissement intellectuel au public de tous âges. En rendant l'éducation accessible à une population plus large, la radio a contribué au développement social et intellectuel, contribuant ainsi à combler les écarts en matière de connaissances et d'opportunités.

Les impacts sociaux et culturels de la radio ont été profonds. C'est devenu un média capable de divertir, d'éduquer et d'influencer à la fois, atteignant les gens d'une manière qu'aucune autre technologie n'avait auparavant. La radio a amené le monde dans les foyers des gens, les connectant à des événements, des idées et des cultures au-delà de leur environnement immédiat. Il a façonné l'opinion publique, créé des expériences partagées et offert des opportunités d'apprentissage et de croissance.

L'âge d'or de la télévision

L'âge d'or de la télévision, qui s'étend sur le milieu du XXe siècle, a marqué une période de transformation dans l'histoire de la communication et de la culture. À cette époque, la télévision est devenue un média dominant, révolutionnant la façon dont les gens consommaient l'information et les divertissements. C'est devenu un élément central de la vie quotidienne, façonnant les normes culturelles, influençant l'opinion publique et créant des expériences partagées qui transcendaient les frontières géographiques et sociales. Grâce à sa capacité à combiner narration visuelle et diffusion en temps réel, la télévision a redéfini la manière dont les sociétés se connectaient au monde qui les entourait.

L'essor de la télévision a commencé dans les années qui ont suivi la Seconde Guerre mondiale, à mesure que les progrès technologiques la rendaient plus abordable et accessible aux ménages. Dans les années 1950, les téléviseurs étaient devenus un élément courant dans les salons aux États-Unis et dans d'autres régions du monde. Contrairement à la radio, qui reposait uniquement sur le son, la télévision a amené des images dans les foyers, leur permettant de voir des événements, des histoires et des personnalités se dérouler sous leurs yeux. Cet élément visuel a fait de la télévision un média particulièrement puissant, capable d'impliquer le public comme aucune autre technologie ne le pourrait.

La télévision est rapidement devenue une force unificatrice, créant une expérience culturelle partagée pour les téléspectateurs. Les familles se rassemblaient autour de leur téléviseur pour regarder leurs programmes préférés, des sitcoms et drames aux émissions de variétés et événements en direct. Ces moments partagés ont rapproché les gens, favorisant un sentiment de connexion et de communauté. La télévision a également fait tomber les barrières entre les différentes régions et groupes sociaux, puisque des personnes d'horizons divers ont regardé les mêmes programmes et ont été témoins des mêmes événements. Cette capacité à atteindre un public de masse a fait de la télévision un élément déterminant de la vie moderne.

L'une des manières les plus significatives par lesquelles la télévision a façonné la société au cours de son âge d'or a été d'influencer l'opinion publique. La capacité du média à diffuser des informations, des débats politiques et des événements majeurs en temps réel lui confère un pouvoir sans précédent pour informer et façonner les perceptions. Les débats télévisés entre John F.

Kennedy et Richard Nixon lors de l'élection présidentielle américaine de 1960 en sont un exemple marquant. Ces débats ont été les premiers de l'histoire à être diffusés à la télévision et ont démontré la capacité de ce média à influencer les résultats politiques. Les téléspectateurs qui ont regardé les débats à la télévision ont été frappés par l'apparence confiante et charismatique de Kennedy, tandis que Nixon, qui semblait fatigué et moins poli, avait du mal à faire la même impression. Les débats ont souligné l'importance de l'image et de la présentation dans la politique moderne, changeant à jamais la manière dont les campagnes étaient menées.

La télévision a également joué un rôle crucial en mettant les questions sociales au premier plan de la conscience publique. Au cours du mouvement des droits civiques des années 1950 et 1960, la couverture télévisée des manifestations, des marches et des actes de violence contre les Afro-Américains a exposé les dures réalités de l'injustice raciale à un public national. Les images de manifestants pacifiques attaqués par des chiens policiers ou aspergés de lances à incendie ont choqué les téléspectateurs et galvanisé le soutien au mouvement. En diffusant ces événements dans des millions de foyers, la télévision a contribué à renforcer la prise de conscience et l'empathie, ce qui en fait un puissant outil de changement social.

Au-delà de son impact sur l'information et la politique, la télévision est devenue une force culturelle grâce à ses programmes de divertissement. Les émissions emblématiques de l'âge d'or de la télévision reflétaient et influençaient les valeurs et les tendances de la société, façonnant la façon dont les gens percevaient la famille, les relations et le monde qui les entourait. Des sitcoms comme *J'aime Lucie* a capturé l'humour et les défis de la vie quotidienne, tandis que des drames comme *La zone crépusculaire* a exploré des thèmes plus profonds de la moralité et de la nature humaine. Ces programmes non seulement divertissaient le public, mais constituaient également un miroir de la société, offrant un aperçu des espoirs, des peurs et des aspirations de l'époque.

Des émissions de variétés, comme *Le spectacle Ed Sullivan*, a présenté aux téléspectateurs un large éventail de talents, des comédiens et musiciens aux danseurs et magiciens. Ces programmes sont devenus des références culturelles, lançant la carrière d'innombrables artistes et introduisant de nouvelles formes de divertissement dans les foyers. L'un des moments les plus mémorables de l'histoire de la télévision s'est produit en 1964, lorsque les Beatles ont fait leurs débuts américains sur *Le spectacle Ed Sullivan*. Leur performance a captivé des millions de téléspectateurs et a marqué le début de l'invasion britannique, un phénomène culturel qui a remodelé la musique et la culture populaire.

La télévision a également amené des événements historiques dans les salons des gens, créant ainsi des moments de mémoire collective qui ont défini une époque. L'une des émissions les plus emblématiques de l'âge d'or a été la couverture en direct de l'alunissage d'Apollo 11 en 1969. On estime que 600 millions de personnes dans le monde ont regardé Neil Armstrong faire ses premiers pas sur la surface lunaire, en prononçant les célèbres mots : « C'est un petit pas pour l'homme, un pas de géant pour l'humanité ». Cet événement a démontré le pouvoir de la télévision pour unir les peuples du monde entier, alors que les téléspectateurs ont partagé l'émerveillement et l'enthousiasme suscités par une réalisation monumentale.

Outre le divertissement et l'information, la télévision sert de plateforme d'éducation et d'enrichissement culturel. Des programmes éducatifs, tels que *Rue Sésame*, qui a fait ses débuts en 1969, a utilisé ce média pour enseigner aux enfants des compétences de base en lecture, écriture et calcul tout en promouvant des valeurs sociales telles que la gentillesse et la coopération. Les documentaires et les programmes de télévision publique ont fait connaître l'histoire, la science et les arts à un public plus large, rendant les connaissances plus accessibles et favorisant l'amour de l'apprentissage.

L'âge d'or de la télévision a été une période d'innovation et d'influence, au cours de laquelle le média est devenu une partie intégrante de la vie quotidienne et une puissante capacité à façonner la culture et l'opinion publique. En introduisant la narration visuelle dans les foyers, la télévision a créé des expériences partagées qui transcendaient les frontières et connectaient les gens de nouvelles manières. Il a informé et inspiré, diverti et éduqué, laissant une marque indélébile sur la société. L'héritage de cette époque continue de résonner, car la télévision reste un élément central de la façon dont nous comprenons et interagissons avec le monde qui nous entoure.

Le rôle des médias audiovisuels dans les mouvements politiques et sociaux

Les médias audiovisuels, englobant la radio et la télévision, ont été l'une des capacités les plus puissantes pour façonner et amplifier les mouvements politiques et sociaux à travers l'histoire. En fournissant des plateformes permettant aux dirigeants et aux militants d'atteindre un public de masse, les médias audiovisuels ont joué un rôle central dans la diffusion de messages, la mobilisation de soutiens et l'inspiration d'une action collective. Sa capacité à fournir des informations en temps réel, à susciter des réactions émotionnelles et à connecter les gens au-delà des divisions géographiques et culturelles en a fait une force transformatrice dans la lutte pour la justice, l'égalité et le changement.

Le pouvoir des médias audiovisuels pour mobiliser les citoyens était évident dès la Seconde Guerre mondiale, lorsque la radio est devenue une capacité essentielle tant pour les gouvernements que pour les mouvements de résistance. Des dirigeants comme Winston Churchill ont utilisé la radio pour prononcer des discours qui ont inspiré l'espoir et la résilience pendant les jours les plus sombres de la guerre. Les émissions de Churchill, pleines de détermination et de résolution, ont uni le peuple britannique et renforcé sa détermination à perdurer. Dans le même temps, la radio était utilisée par les groupes de résistance en Europe occupée pour coordonner leurs efforts contre les forces nazies, diffusant des messages de défi et de solidarité. L'immédiateté de la radio a permis à ces messages de parvenir rapidement aux populations, même dans les zones les plus reculées ou opprimées, ce qui en fait un outil de mobilisation indispensable.

Dans les décennies qui ont suivi, la télévision est devenue un média dominant, apportant les luttes politiques et sociales dans les foyers de millions de personnes. L'un des exemples les plus frappants en est le rôle de la télévision lors du mouvement des droits civiques aux États-Unis. Des dirigeants comme Martin Luther King Jr. ont compris l'importance des médias audiovisuels pour dénoncer les réalités de l'injustice raciale et rallier le soutien à la cause. Les discours de King, tels que son discours emblématique « I Have a Dream » lors de la marche de 1963 sur Washington, ont été diffusés dans tout le pays, inspirant espoir et détermination. Plus important encore, la couverture télévisée d'événements tels que les marches de Selma à Montgomery et le traitement brutal infligé aux manifestants pacifiques à Birmingham, en Alabama, ont choqué les téléspectateurs et galvanisé l'opinion publique. Les images de policiers utilisant des lances à incendie et des chiens d'attaque contre des manifestants non armés ont révélé les dures réalités de la ségrégation et de la discrimination, obligeant la nation à affronter ses défauts moraux.

Les médias audiovisuels constituent également un puissant moyen de dénoncer les injustices et de défier l'autorité. Pendant la guerre du Vietnam, la télévision a joué un rôle crucial en façonnant l'opinion publique et en alimentant les manifestations contre la guerre. Pour la première fois, les Américains pouvaient voir les réalités de la guerre se dérouler sur leurs écrans. Des images graphiques de combats, de victimes civiles et de souffrances des soldats ont ramené les horreurs du conflit dans les salons à travers le pays. Cette couverture médiatique non filtrée a suscité une indignation généralisée et a conduit à un mouvement anti-guerre croissant, la population exigeant la fin de la violence. L'immédiateté et l'impact émotionnel de la télévision ont rendu impossible d'ignorer le coût humain de la guerre, qui a finalement influencé la politique du gouvernement et accéléré le retrait des forces américaines.

La radio constitue également une capacité vitale pour les mouvements sociaux et politiques, en particulier dans les régions où l'accès aux autres formes de médias était limité. En Afrique et en Asie, la radio a joué un rôle clé dans les mouvements anticoloniaux, aidant à unir les peuples dans leurs luttes pour l'indépendance. Les dirigeants et les militants ont utilisé la radio pour diffuser des messages de résistance, informer le public sur leurs droits et inspirer une action collective. Par exemple, pendant la guerre d'indépendance algérienne, le Front de libération nationale (FLN) a utilisé des émissions de radio clandestines pour communiquer avec ses partisans et contrer la propagande française. De même, en Inde, la radio a été utilisée pour mobiliser le soutien au mouvement indépendantiste, diffusant les messages de dirigeants comme le Mahatma Gandhi auprès d'un public rural et urbain.

Le pouvoir émotionnel des médias audiovisuels réside dans leur capacité à relier les gens à des événements et à des histoires d'une manière profondément personnelle. Contrairement à la presse écrite, qui repose uniquement sur les mots, la radio et la télévision combinent le son, l'imagerie et l'émotion pour créer une expérience plus immersive. Cette immédiateté permet au public d'avoir l'impression d'être témoin de l'histoire telle qu'elle se déroule, favorisant ainsi l'empathie et le sentiment d'un objectif commun. Par exemple, lors de la chute du mur de Berlin en 1989, la télévision en direct a capté la joie et l'espoir des Allemands de l'Est et de l'Ouest alors qu'ils se réunissaient après des décennies de division. Ces émissions ont non seulement documenté un moment historique, mais ont également inspiré les mouvements pour la liberté et la démocratie dans le monde entier.

Les médias audiovisuels ont également joué un rôle déterminant en amplifiant la voix des communautés marginalisées et en leur offrant une plateforme pour partager leurs histoires. Dans les années 1960 et 1970, les mouvements féministes et LGBTQ+ ont utilisé la radio et la télévision pour remettre en question les normes sociétales et plaider en faveur de l'égalité. Des programmes et des interviews mettant en vedette des militants ont fait connaître leurs luttes et leurs revendications à un public plus large, contribuant ainsi à renforcer la prise de conscience et le soutien. De la même manière, les communautés autochtones ont utilisé la radio pour préserver leurs langues et leurs cultures, garantissant ainsi que leurs voix soient entendues dans un monde en évolution rapide.

Chapitre 8

La révolution Internet

inventions de l'histoire de l'humanité remontent à la fin des années 1960, avec la création d'ARPANET. Ce qui a commencé comme un réseau de communication sécurisé pour les chercheurs et les organisations militaires est devenu une plate-forme mondiale qui connecte aujourd'hui des milliards de personnes. Le voyage d'ARPANET au World Wide Web est une histoire d'innovation, de collaboration et de percées technologiques qui ont changé à jamais la façon dont nous communiquons, partageons des informations et interagissons avec le monde.

ARPANET, le précurseur de l'Internet moderne, a été développé par l'Advanced Research Projects Agency (ARPA) du ministère américain de la Défense. Pendant la guerre froide, il était urgent de disposer d'un système de communication capable de résister à d'éventuelles perturbations, telles qu'une attaque nucléaire. Les réseaux de communication traditionnels reposaient sur des systèmes centralisés, vulnérables aux pannes si un seul point était endommagé. L'ARPA cherchait à créer un réseau décentralisé qui pourrait continuer à fonctionner même si certaines parties étaient détruites. Cette vision a conduit au développement d'ARPANET, devenu opérationnel en 1969.

La principale avancée technologique qui a rendu ARPANET possible était la commutation de paquets. Contrairement aux méthodes de communication traditionnelles, qui reposaient sur des circuits dédiés pour transmettre les données, la commutation de paquets décomposait les informations en paquets plus petits. Ces paquets pourraient voyager indépendamment à travers le réseau et être réassemblés à leur destination. Cette méthode était non seulement plus efficace mais aussi plus résiliente, car les paquets pouvaient emprunter des itinéraires alternatifs si une partie du réseau était compromise. Le concept de commutation de paquets a été lancé par des chercheurs comme Paul Baran et Donald Davies et est devenu le fondement des réseaux modernes.

Un autre développement crucial a été la création de protocoles permettant aux ordinateurs de communiquer entre eux. Au début des années 1970, les chercheurs Vinton Cerf et Robert Kahn ont développé le Transmission Control Protocol/Internet Protocol (TCP/IP). Ces protocoles ont standardisé la manière dont les données étaient transmises et reçues sur les réseaux, permettant à différents types d'ordinateurs de se connecter et de partager des informations de manière transparente. TCP/IP est devenu l'épine dorsale d'ARPANET et, plus tard, d'Internet.

Initialement, ARPANET était utilisé pour connecter un petit nombre d'institutions de recherche et d'organisations militaires. Le premier message envoyé sur ARPANET a eu lieu le 29 octobre 1969 entre un ordinateur de l'UCLA et un autre du Stanford Research Institute. Le message était censé être le mot « LOGIN », mais le système s'est écrasé après les deux premières lettres, n'envoyant que « LO ». Malgré ces débuts modestes, ARPANET s'est rapidement développé, reliant davantage d'universités et de centres de recherche. Dans les années 1970, elle était devenue une capacité vitale pour la collaboration universitaire, permettant aux chercheurs de partager des données, d'accéder à des ordinateurs distants et de communiquer par courrier électronique, introduit en 1971.

Au fur et à mesure de sa croissance, ARPANET a commencé à se connecter à d'autres réseaux, créant ainsi les bases d'un système mondial. Dans les années 1980, le terme « Internet » était utilisé pour décrire ce réseau de réseaux interconnectés. L'adoption de TCP/IP comme protocole standard en 1983 a encore unifié ces réseaux, facilitant ainsi leur communication entre eux. Internet n'était plus seulement une capacité militaire ou académique ; elle devenait une plateforme ayant le potentiel de connecter le monde.

Le prochain grand pas dans l'évolution d'Internet a eu lieu en 1989, lorsque Tim Berners-Lee, un informaticien britannique travaillant au CERN, a proposé la création du World Wide Web. Alors qu'Internet fournissait l'infrastructure permettant de connecter les ordinateurs, le World Wide Web le rendait accessible et convivial pour le grand public. Berners-Lee a introduit trois innovations clés qui ont transformé Internet : l'hypertexte, les navigateurs Web et les URL (Uniform Resource Locators).

L'hypertexte permettait aux utilisateurs de cliquer sur des liens et de naviguer entre différents documents et ressources, créant ainsi un moyen transparent et intuitif d'accéder aux informations. Les navigateurs Web, tels que le premier développé par Berners-Lee appelé WorldWideWeb (rebaptisé plus tard Nexus), fournissaient une interface graphique permettant aux utilisateurs d'interagir avec le Web. Les URL ont standardisé la manière dont les adresses Web étaient identifiées, facilitant ainsi la localisation et l'accès à des ressources spécifiques. Ensemble, ces innovations ont transformé

Internet en une plateforme de communication, de commerce et de partage d'informations à l'échelle mondiale.

Le World Wide Web a été officiellement lancé en 1991 et son impact a été immédiat. Pour la première fois, les gens pouvaient accéder à des informations de n'importe où dans le monde en quelques clics seulement. Le Web a démocratisé le savoir, éliminant les barrières à l'éducation et à l'information. Cela a également créé de nouvelles opportunités pour les entreprises, permettant le commerce électronique et le marketing numérique. Les sites Web sont devenus des vitrines virtuelles et les entreprises ont pu atteindre leurs clients d'une manière qui était auparavant inimaginable.

L'impact social et culturel du World Wide Web a été tout aussi profond. Il a révolutionné la façon dont les gens communiquaient, leur permettant d'envoyer des e-mails, de participer à des forums en ligne et de se connecter via les plateformes de médias sociaux qui émergeraient au cours des décennies suivantes. Le Web est également devenu une plateforme de créativité et d'expression personnelle, donnant aux individus la possibilité de partager leurs idées, leur art et leurs histoires avec un public mondial.

Comment Internet a transformé la communication, les affaires et la société

Internet a transformé le monde d'une manière inimaginable il y a quelques décennies à peine. Elle a révolutionné la façon dont les gens communiquent, remodelé le mode de fonctionnement des entreprises et modifié fondamentalement le tissu social. En permettant une connectivité mondiale instantanée, en créant de nouvelles opportunités économiques et en favorisant les échanges culturels, Internet est devenu une partie intégrante de la vie quotidienne, façonnant la façon dont nous apprenons, travaillons et interagissons les uns avec les autres.

L'un des impacts les plus profonds d'Internet concerne la communication. Avant son avènement, les communications longue distance étaient souvent lentes et coûteuses et reposaient sur des lettres, des appels téléphoniques ou des télécopieurs. Internet a changé la donne en permettant une connectivité mondiale instantanée. Le courrier électronique, l'une des applications Internet les plus anciennes et les plus largement utilisées, a permis aux utilisateurs d'envoyer des messages à travers le monde en quelques secondes, révolutionnant ainsi la communication personnelle et professionnelle. Les applications de messagerie telles que WhatsApp, Telegram et Facebook Messenger ont encore amélioré cette capacité en permettant la communication texte, vocale et vidéo en temps réel, permettant ainsi de rester plus facilement que jamais en contact avec ses amis, sa famille et ses collègues, où qu'ils se trouvent.

L'essor des plateformes de médias sociaux a propulsé la communication sur Internet à un tout autre niveau. Des plateformes comme Facebook, Twitter, Instagram et TikTok ont permis aux individus de partager des idées, de créer des communautés et de s'engager dans des interactions en temps réel à l'échelle mondiale. Les médias sociaux ont donné une voix aux gens, leur permettant de s'exprimer, de se connecter avec des personnes partageant les mêmes idées et de participer à des conversations qui transcendent les frontières géographiques et culturelles. C'est également devenu une puissante capacité d'activisme, permettant aux mouvements sociaux de prendre de l'ampleur et d'atteindre des publics plus larges. Par exemple, des mouvements comme #BlackLivesMatter et #MeToo ont utilisé les médias sociaux pour sensibiliser, mobiliser leurs partisans et favoriser le changement social.

En plus de transformer la communication, Internet a remodelé le monde des affaires. Elle a créé de nouvelles opportunités pour le commerce électronique, le marketing numérique et le travail à distance, modifiant fondamentalement la manière dont les entreprises fonctionnent et interagissent avec leurs clients. Les géants de la vente au détail en ligne comme Amazon et eBay ont révolutionné le shopping en permettant aux consommateurs d'acheter des produits dans le confort de leur foyer et de les faire livrer à leur porte. Ces plateformes ont également permis aux petites entreprises et aux entrepreneurs d'accéder aux marchés mondiaux, leur permettant d'atteindre des clients bien au-delà de leurs communautés locales.

Internet a également transformé la façon dont les entreprises commercialisent leurs produits et services. Le marketing numérique, qui comprend des stratégies telles que l'optimisation des moteurs de recherche (SEO), la publicité sur les réseaux sociaux et les campagnes par courrier électronique, a permis aux entreprises de cibler des publics spécifiques avec précision et de mesurer l'efficacité de leurs efforts en temps réel. Des plateformes telles que Google Ads et Facebook Ads ont permis aux entreprises de toutes tailles de rivaliser sur un pied d'égalité, atteignant des clients potentiels où qu'ils soient en ligne.

Un autre impact significatif d'Internet sur les entreprises est l'essor du travail à distance et du cloud computing. Internet a permis aux employés de travailler de n'importe où, en utilisant des fonctionnalités telles que Zoom, Microsoft Teams et Slack pour collaborer avec leurs collègues en temps réel. Les services de cloud computing tels que Google Drive, Dropbox et Amazon Web Services (AWS) ont permis aux entreprises de stocker et d'accéder aux données en toute sécurité depuis n'importe quel endroit, rationalisant ainsi les opérations et réduisant les coûts. Les systèmes de paiement numérique tels que PayPal, Stripe et les applications de paiement mobile ont encore facilité les transactions en ligne, permettant aux entreprises et aux consommateurs d'échanger de l'argent de manière rapide et sécurisée.

Les impacts sociétaux d'Internet sont tout aussi profonds. L'une de ses contributions les plus significatives a été la démocratisation de l'accès à l'information. Avant Internet, le savoir était souvent confiné aux bibliothèques, universités et autres institutions, ce qui rendait son accès difficile pour de nombreuses personnes. Internet a changé la donne en mettant de grandes quantités d'informations à la disposition de toute personne disposant d'une connexion Internet. Les moteurs de recherche comme Google et les encyclopédies en ligne comme Wikipédia ont permis aux gens de se renseigner sur pratiquement n'importe quel sujet en quelques clics seulement. Les cours en ligne et les plateformes éducatives comme Coursera, Khan Academy et Duolingo ont encore élargi l'accès à l'apprentissage, permettant aux individus d'acquérir de nouvelles compétences et connaissances à leur propre rythme.

Internet a également favorisé les échanges culturels, permettant à des personnes de différentes régions du monde de partager leurs traditions, leur art et leurs idées. Les plateformes de médias sociaux, les sites de partage de vidéos comme YouTube et les services de streaming comme Netflix ont exposé le public à des perspectives et des expériences diverses, éliminant les barrières culturelles et favorisant la compréhension. Dans le même temps,

Internet a donné du pouvoir aux communautés marginalisées en leur offrant une plateforme pour partager leurs histoires et défendre leurs droits.

Cependant, le pouvoir de transformation d'Internet ne s'est pas fait sans difficultés. Les inégalités numériques restent un problème majeur, car des millions de personnes dans le monde n'ont toujours pas accès à des connexions Internet fiables. Cette fracture numérique a créé des disparités en matière d'éducation, d'opportunités économiques et d'accès à l'information, en particulier dans les pays en développement. Internet a également donné naissance à de nouveaux problèmes, tels que la diffusion de fausses informations et l'érosion de la vie privée. Les plateformes de médias sociaux ont été critiquées pour avoir permis la diffusion rapide de fausses informations, susceptibles d'influencer l'opinion publique et de miner la confiance dans les institutions. De plus, la collecte et l'utilisation de données personnelles par les entreprises et les gouvernements ont suscité des inquiétudes quant à la surveillance et à la perte de la vie privée des individus.

Malgré ces défis, l'impact d'Internet sur la communication, les affaires et la société a été extrêmement transformateur. Il a permis de connecter des personnes du monde entier, de créer de nouvelles opportunités économiques et de permettre aux individus d'apprendre, de partager et d'innover. Internet est devenu la pierre angulaire de la vie moderne, déterminant la façon dont nous interagissons les uns avec les autres et avec le monde qui nous entoure. Alors que nous continuons à faire face à ses complexités, le potentiel d'Internet à stimuler le progrès et à rassembler les gens reste l'une de ses réalisations les plus remarquables.

L'essor des médias sociaux

L'essor des médias sociaux a transformé la façon dont les gens se connectent, communiquent et partagent des informations, créant ainsi un nouveau paysage numérique qui a remodelé la vie moderne. Des plateformes comme Facebook, Twitter, Instagram et TikTok ont révolutionné la communication en permettant des interactions instantanées et mondiales. Ils ont permis aux individus de faire entendre leur voix, de bâtir des communautés et de dialoguer avec les autres à une échelle sans précédent. Cependant, si les médias sociaux ont rapproché les gens et donné plus de pouvoir aux mouvements sociaux, ils ont également introduit des défis importants, notamment des divisions sociétales, la propagation de fausses informations et des préoccupations éthiques.

Les médias sociaux ont commencé comme un moyen permettant aux gens de se connecter en ligne avec leurs amis et leur famille, mais ils ont rapidement évolué vers quelque chose de beaucoup plus vaste. Facebook, lancé en 2004, est devenu l'une des premières plateformes à généraliser les réseaux sociaux, permettant aux utilisateurs de créer des profils, de partager des mises à jour et d'interagir avec les autres. Twitter, introduit en 2006, a révolutionné la communication en limitant les publications à 140 caractères (plus tard étendus à 280), encourageant ainsi des mises à jour concises et en temps réel. Instagram, lancé en 2010, s'est concentré sur la narration visuelle à travers des photos et des vidéos, tandis que TikTok, qui a gagné en popularité mondiale à la fin des années 2010, a introduit du contenu vidéo court qui encourage la créativité et le divertissement. Ces plateformes, ainsi que d'autres, ont créé un écosystème numérique dans lequel des milliards de personnes interagissent quotidiennement.

L'un des impacts les plus importants des médias sociaux a été leur capacité à favoriser les liens et à bâtir des communautés. Les réseaux sociaux ont permis aux gens de rester en contact avec leurs proches, de renouer avec d'anciens amis et de rencontrer de nouvelles personnes partageant les mêmes intérêts. Il a également fourni une plateforme permettant aux individus de partager leurs idées, leurs talents et leurs histoires avec un public mondial. Par exemple, les artistes, les écrivains et les musiciens peuvent présenter leur travail à des millions de personnes, tandis que les petites entreprises peuvent toucher des clients bien au-delà de leurs communautés locales. Les réseaux sociaux ont fait tomber les barrières géographiques, donnant l'impression que le monde est plus petit et plus interconnecté.

Au-delà des relations personnelles, les médias sociaux ont joué un rôle puissant dans l'autonomisation des mouvements sociaux et politiques. Il a donné aux voix marginalisées une tribune pour se faire entendre et a amplifié les appels à la justice et à l'égalité. L'un des exemples les plus notables est le Printemps arabe, une série de soulèvements pro-démocratiques qui ont débuté en 2010. Les plateformes de médias sociaux comme Facebook et Twitter ont été utilisées pour organiser des manifestations, partager des informations et documenter les événements en temps réel, contribuant ainsi à mobiliser des millions de personnes à travers le Moyen-Orient et l'Afrique du Nord. De même, le mouvement #MeToo, qui a pris de l'ampleur en 2017, a utilisé les médias sociaux pour sensibiliser au harcèlement et aux agressions sexuelles, encourageant les survivantes à partager leurs histoires et à demander des comptes aux agresseurs. Le mouvement Black

Lives Matter s'est également largement appuyé sur les médias sociaux pour dénoncer les injustices raciales, organiser des manifestations et exiger un changement systémique. Ces exemples démontrent comment les médias sociaux peuvent être un catalyseur de changement social et politique, en donnant aux individus les moyens d'entreprendre des actions collectives et de remettre en question le statu quo.

Cependant, l'essor des médias sociaux ne s'est pas fait sans défis. S'il a rapproché les gens, il a également contribué aux divisions sociétales. L'un des problèmes les plus importants est la création de chambres d'écho, dans lesquelles les utilisateurs sont principalement exposés à un contenu qui correspond à leurs croyances existantes. Les algorithmes des réseaux sociaux, conçus pour maximiser l'engagement, donnent souvent la priorité aux contenus qui génèrent de fortes réactions émotionnelles, comme l'indignation ou la peur. Cela peut conduire à l'amplification de contenus qui divisent et à la propagation de fausses informations, polarisant ainsi davantage les sociétés. Par exemple, lors d'élections, des informations fausses ou trompeuses peuvent se propager rapidement sur les réseaux sociaux, influencer l'opinion publique et miner la confiance dans les institutions démocratiques.

La propagation de la désinformation constitue une préoccupation particulièrement pressante. Les plateformes de médias sociaux ont été critiquées pour avoir permis aux fausses nouvelles et aux théories du complot de prospérer, avec souvent des conséquences concrètes. Par exemple, pendant la pandémie de COVID-19, de fausses informations sur le virus, les vaccins et les traitements ont largement circulé sur les réseaux sociaux, compliquant les efforts de lutte contre la crise. La diffusion rapide de fausses informations souligne la nécessité d'une plus grande responsabilisation et d'une plus grande réglementation dans l'espace numérique.

Les médias sociaux ont également soulevé des défis éthiques et réglementaires, notamment en matière de confidentialité et de harcèlement en ligne. De nombreuses plateformes collectent de grandes quantités de données personnelles auprès de leurs utilisateurs, ce qui soulève des inquiétudes quant à la manière dont ces informations sont utilisées et qui y a accès. Des violations de données et des scandales très médiatisés, tels que l'incident de Cambridge Analytica, ont souligné les risques associés à l'utilisation abusive des informations personnelles. De plus, les médias sociaux sont devenus un terrain fertile pour le harcèlement, l'intimidation et les discours de haine en ligne, créant ainsi un environnement toxique pour de nombreux utilisateurs. Ces problèmes ont suscité des appels à des réglementations plus strictes et à une plus grande transparence de la part des sociétés de médias sociaux.

Malgré ces défis, les médias sociaux restent une puissante capacité de connexion et de changement. Elle a démocratisé l'accès à l'information, donnant aux gens la possibilité de partager leurs histoires et d'interagir avec d'autres à l'échelle mondiale. Il a également favorisé les échanges culturels, permettant à des personnes d'horizons différents d'apprendre les unes des autres et de célébrer leur diversité. À leur meilleur, les médias sociaux ont le potentiel d'unir les gens, d'inspirer la créativité et de favoriser le progrès.

Les défis de l'ère numérique

L'ère numérique a apporté des progrès incroyables, transformant notre façon de vivre, de travailler et de communiquer les uns avec les autres. Cependant, parallèlement à ces avantages, elle a également engendré des défis importants qui affectent aussi bien les individus, les entreprises que les gouvernements. Parmi les problèmes les plus urgents de l'ère numérique figurent les préoccupations concernant la vie privée, la propagation de la désinformation et l'importance croissante de la cybersécurité. Ces défis mettent en évidence la complexité de naviguer dans un monde de plus en plus façonné par les technologies numériques et Internet.

L'un des défis les plus importants de l'ère numérique est la question de la vie privée. L'essor des technologies numériques a révolutionné la manière dont les données personnelles sont collectées, stockées et utilisées. Chaque fois que nous naviguons sur Internet, utilisons les réseaux sociaux ou achetons en ligne, nous laissons derrière nous une trace de données : notre historique de recherche, notre emplacement, nos préférences et même des informations personnelles telles que nos noms et adresses. Ces données sont souvent collectées par des entreprises pour améliorer leurs services, cibler des publicités ou vendre à des tiers. Même si cela peut rendre nos expériences en ligne plus pratiques, cela soulève également de sérieuses inquiétudes quant à la manière dont nos informations personnelles sont utilisées et qui y a accès.

Les violations de données constituent l'une des menaces les plus visibles pour la vie privée à l'ère numérique. Lorsque les entreprises ou les organisations ne parviennent pas à protéger les données qu'elles collectent, celles-ci peuvent tomber entre les mains de pirates informatiques ou d'acteurs malveillants. Des violations très médiatisées, telles que celle d'Equifax en 2017 qui a exposé les informations personnelles de plus de 140 millions de personnes, démontrent les risques liés au stockage de données sensibles en ligne. Ces violations peuvent entraîner un vol d'identité, des pertes financières et une perte de confiance dans les systèmes numériques.

La surveillance est une autre préoccupation majeure. Les gouvernements et les entreprises ont la possibilité de surveiller l'activité en ligne à une échelle sans précédent. Si la surveillance peut être utilisée pour renforcer la sécurité et prévenir la criminalité, elle soulève également des questions sur l'équilibre entre sécurité et libertés individuelles. Par exemple, le lanceur d'alerte Edward Snowden a révélé en 2013 que l'Agence américaine de sécurité nationale (NSA) menait des programmes de surveillance de masse, collectant des données sur des millions de personnes à leur insu. Ces révélations ont déclenché un débat mondial sur la vie privée et les limites éthiques de la surveillance à l'ère numérique.

L'utilisation abusive des informations personnelles par les entreprises est un autre problème. Les plateformes de médias sociaux, par exemple, collectent de grandes quantités de données sur leurs utilisateurs, qui peuvent être utilisées pour influencer les comportements. Le scandale Cambridge Analytica en 2018 a révélé comment les données de millions d'utilisateurs de Facebook étaient collectées sans leur consentement et utilisées pour cibler des publicités politiques lors des élections. Cet incident a mis en évidence la nécessité d'une plus grande transparence et d'une plus grande responsabilité dans la manière dont les entreprises traitent les données personnelles.

Outre les problèmes de confidentialité, l'ère numérique a également soulevé le défi de la désinformation. Internet et les réseaux sociaux ont facilité plus que jamais le partage d'informations, mais ils ont également permis la diffusion rapide de contenus faux ou trompeurs. La désinformation peut prendre de nombreuses formes, depuis les faux articles d'information et les images falsifiées jusqu'aux théories du complot et à la propagande. La vitesse et la portée d'Internet signifient que la désinformation peut se propager rapidement, dépassant souvent les efforts déployés pour la corriger.

L'impact de la désinformation sur la société est profond. Cela peut façonner l'opinion publique, influencer les élections et éroder la confiance dans les institutions. Par exemple, lors de l'élection présidentielle américaine de 2016, de fausses nouvelles ont largement circulé sur les réseaux sociaux, certaines études suggérant qu'elles pourraient avoir influencé le comportement des électeurs. De même, pendant la pandémie de COVID-19, la désinformation sur le virus, les vaccins et les traitements s'est propagée rapidement en ligne, compliquant les efforts de lutte contre la crise et mettant des vies en danger.

L'une des raisons pour lesquelles la désinformation est si difficile à combattre est le rôle des algorithmes dans la définition de ce que les gens voient en ligne. Les plateformes de médias sociaux utilisent des algorithmes pour donner la priorité aux contenus susceptibles d'intéresser les utilisateurs, en privilégiant souvent les publications sensationnelles ou chargées d'émotion. Cela peut créer des chambres d'écho, dans lesquelles les utilisateurs ne sont exposés qu'à des informations qui renforcent leurs croyances existantes, ce qui rend plus difficile la distinction entre les faits et la fiction. Le défi de la lutte contre la désinformation nécessite une combinaison d'éducation aux médias, de vérification des faits et d'une plus grande responsabilité de la part des entreprises technologiques.

Le troisième défi majeur de l'ère numérique est la cybersécurité. Alors que nos vies se déroulent de plus en plus en ligne, la nécessité de protéger les systèmes numériques contre les menaces est devenue de plus en plus importante. Les cyberattaques, telles que le piratage informatique, les ransomwares et le phishing, sont devenues plus fréquentes et sophistiquées, posant des risques pour les individus, les entreprises et les gouvernements.

Le piratage consiste à obtenir un accès non autorisé à des systèmes informatiques, souvent pour voler des informations sensibles ou perturber les opérations. Par exemple, en 2020, la cyberattaque SolarWinds a ciblé plusieurs agences gouvernementales américaines et entreprises privées, compromettant les données sensibles et mettant en évidence la vulnérabilité même des systèmes les plus sécurisés. Les attaques de ransomwares, dans lesquelles les pirates informatiques chiffrent les données d'une victime et exigent un paiement pour restaurer l'accès, sont également devenues une menace croissante. Ces attaques peuvent perturber les infrastructures critiques, telles que les hôpitaux et les réseaux énergétiques, avec des conséquences dévastatrices.

Le phishing, autre cybermenace courante, consiste à inciter les individus à révéler des informations sensibles, telles que des mots de passe ou des numéros de carte de crédit, en se faisant passer pour une entité digne de confiance. Ces attaques prennent souvent la forme de faux e-mails ou sites Web et peuvent entraîner des pertes financières et un vol d'identité.

Les conséquences des cyberattaques vont au-delà des dommages financiers. Ils peuvent miner la confiance dans les systèmes numériques, perturber les économies et même présenter des risques pour la sécurité nationale. À mesure que l'ère numérique continue d'évoluer, le besoin de mesures de cybersécurité plus strictes est devenu plus urgent. Cela implique d'investir dans des technologies avancées pour détecter et prévenir les cybermenaces, d'éduquer les individus sur la sécurité en ligne et de favoriser la coopération internationale pour lutter contre la cybercriminalité.

Chapitre 9

L'information comme capacité de pouvoir et de contrôle

Exemples historiques de contrôle de l'information

Tout au long de l'histoire, les dirigeants, les empires et les chefs religieux ont compris l'immense pouvoir du contrôle de l'information. En façonnant ce que les gens savent, croient et partagent, ils ont pu maintenir leur autorité, influencer les sociétés et façonner l'opinion publique. Des anciens rois aux puissants empires et institutions religieuses, le contrôle de l'information a été une stratégie clé pour consolider le pouvoir et assurer la stabilité. Cette pratique, bien que souvent subtile, a profondément marqué le développement des civilisations et le fonctionnement des sociétés.

Dans le monde antique, les rois et les empereurs utilisaient le contrôle de l'information pour légitimer leur règne et projeter leur pouvoir. En Mésopotamie, l'une des premières civilisations, des dirigeants comme Hammourabi de Babylone utilisaient des inscriptions pour communiquer leur autorité et leurs lois. Le célèbre Code d'Hammourabi, gravé dans une grande stèle de pierre, n'était pas seulement un document juridique mais aussi un outil de propagande. En inscrivant les lois dans la pierre et en plaçant la stèle dans un espace public, Hammurabi a renforcé son image de dirigeant juste et divinement choisi. L'inscription garantissait également que son autorité s'étendait à tout son royaume, les lois étant présentées comme immuables et sacrées.

Dans l'Égypte ancienne, les pharaons contrôlaient l'information grâce à une architecture monumentale et à des inscriptions. Les temples, les statues et les obélisques étaient ornés de hiéroglyphes célébrant le statut divin et les victoires militaires du pharaon. Ces messages ont été soigneusement conçus pour présenter le dirigeant comme un dieu-roi, choisi par les dieux pour maintenir l'ordre et la prospérité. En contrôlant le récit de leur règne, les pharaons assuraient la loyauté et l'obéissance de leurs sujets. Par exemple, la Grande Pyramide de Gizeh n'était pas seulement un tombeau mais aussi un symbole du pouvoir du pharaon et de sa connexion avec le divin, visible pour tous ceux qui vivaient dans son ombre.

De même, dans la Chine ancienne, les empereurs utilisaient le contrôle de l'information pour renforcer leur autorité. Le « Mandat du Ciel » était un concept qui justifiait le règne de l'empereur comme divinement ordonné. Pour maintenir ce mandat, les empereurs chinois ont commandé des documents et des histoires officielles qui décrivaient leurs règnes sous un jour favorable. Le contrôle des documents écrits garantissait que les générations futures considéreraient le règne de l'empereur comme légitime et juste. De plus, la cour impériale chinoise contrôlait la diffusion des connaissances en réglementant l'accès aux textes importants et en limitant la diffusion d'idées susceptibles de remettre en cause l'autorité de l'empereur.

À mesure que les civilisations se sont transformées en vastes empires, la nécessité de contrôler l'information est devenue encore plus cruciale. L'Empire romain, par exemple, s'appuyait sur un système sophistiqué de gestion de l'information pour maintenir l'ordre sur ses vastes territoires. Les annonces publiques, connues sous le nom *émis*, étaient utilisés pour communiquer les décrets, les lois et les politiques impériaux à la population. Ces annonces étaient souvent inscrites sur des tablettes de pierre ou affichées dans les espaces publics, garantissant ainsi que l'autorité de l'empereur était visible et respectée dans tout l'empire.

Les Romains utilisaient également les recensements pour recueillir des informations sur leurs sujets, notamment sur la population, la propriété foncière et les obligations fiscales. Ces informations ont permis à l'empire de garder le contrôle de ses ressources et d'appliquer efficacement sa politique. Dans le même temps, les empereurs romains utilisaient la propagande pour façonner l'opinion publique. Les pièces de monnaie, par exemple, étaient frappées d'images et d'inscriptions célébrant les réalisations et les vertus de l'empereur, renforçant subtilement la loyauté et l'unité du peuple.

Les chefs religieux et les institutions ont également joué un rôle important dans le contrôle de l'information afin de préserver leur influence. Au Moyen Âge, l'Église catholique détenait un immense pouvoir sur la société européenne, en partie parce qu'elle contrôlait l'accès aux textes sacrés et au savoir. La Bible, écrite en latin, était inaccessible à la plupart des gens, car seuls les membres du clergé et les érudits étaient instruits dans cette langue. Cela a permis à l'Église d'interpréter et d'enseigner les messages de la Bible comme bon lui semble, garantissant ainsi que son autorité reste incontestée.

L'Église a également supprimé les idées et les écrits qu'elle jugeait hérétiques ou dangereux. Par exemple, pendant l'Inquisition, les individus qui remettaient en question la doctrine de l'Église ou promouvaient des croyances alternatives étaient souvent persécutés. Les livres et écrits qui contredisaient les enseignements de l'Église étaient interdits ou détruits. Ce contrôle sur la connaissance garantissait que l'Église restait l'autorité centrale en matière tant spirituelle que politique.

L'un des défis les plus importants posés au contrôle de l'information par l'Église s'est produit lors de la Réforme au XVIe siècle. L'invention de l'imprimerie a permis la production massive de livres, notamment des traductions de la Bible dans les langues vernaculaires. Des personnalités comme Martin Luther ont utilisé cette technologie pour diffuser leurs idées et contester l'autorité de l'Église. La Réforme a démontré comment le contrôle de l'information pouvait être à la fois une source de pouvoir et une vulnérabilité, dans la mesure où la diffusion de nouvelles idées finissait par affaiblir la domination de l'Église.

Le contrôle de l'information par les rois, les empires et les chefs religieux n'a pas toujours été une question de suppression ; il s'agissait également de créer une identité partagée et un sentiment d'ordre. En façonnant les récits de leur règne, ces dirigeants ont pu unifier leurs sociétés et maintenir la stabilité. Cependant, ce contrôle s'est souvent fait au détriment de la liberté et de la diversité de pensée, car les perspectives alternatives ont été réduites au silence ou marginalisées.

Propagande et censure à l'ère moderne

La propagande et la censure sont des capacités puissantes à l'ère moderne, utilisées par les gouvernements, les organisations et les individus pour façonner l'opinion publique, contrôler l'information et maintenir le pouvoir. Des guerres mondiales du XXe siècle à l'ère numérique du XXIe siècle, ces pratiques ont évolué parallèlement à la technologie, devenant plus sophistiquées et plus vastes. Alors que la propagande cherche à influencer et à persuader, souvent en manipulant les émotions et en présentant des informations biaisées ou trompeuses, la censure vise à réprimer la dissidence, à limiter l'accès à l'information et à contrôler les récits. Ensemble, ils ont joué un rôle central dans l'évolution des sociétés et des paysages politiques du monde entier.

L'essor de la propagande en tant que capacité systématique remonte à des événements historiques majeurs comme la Première et la Seconde Guerre mondiale. Pendant la Première Guerre mondiale, les gouvernements ont reconnu l'importance de contrôler l'opinion publique afin de maintenir le soutien à l'effort de guerre. La propagande était utilisée pour rallier les citoyens, encourager l'enrôlement et diaboliser l'ennemi. Des affiches avec des slogans comme « Votre pays a besoin de vous » et des images de soldats héroïques ou d'ennemis crapuleux ont été placardées dans les villes, faisant appel au patriotisme et à la peur. Les films et discours de propagande ont encore renforcé ces messages, créant un récit unifié qui a maintenu l'engagement et le soutien du public.

La Seconde Guerre mondiale a vu un recours encore plus étendu à la propagande, les puissances de l'Axe et les Alliés l'utilisant pour atteindre leurs objectifs. Dans l'Allemagne nazie, la propagande est devenue la pierre angulaire du régime d'Adolf Hitler. Sous la direction de Joseph Goebbels, ministre de la Propagande, le gouvernement nazi a utilisé des films, des émissions de radio, des journaux et des affiches pour diffuser son idéologie. Des messages glorifiant Hitler, promouvant la suprématie aryenne et calomniant les Juifs et d'autres groupes minoritaires ont été diffusés pour manipuler l'opinion publique et justifier les actions du régime. Les nazis ont également utilisé la propagande pour maintenir le moral pendant la guerre, décrivant l'Allemagne comme une nation forte et juste destinée à la victoire.

Du côté allié, la propagande a été utilisée pour remonter le moral, promouvoir l'unité et encourager le soutien à l'effort de guerre. Aux États-Unis, des affiches comme « Rosie the Riveter » encourageaient les femmes à rejoindre le marché du travail, tandis que des films et des actualités mettaient en avant le courage des soldats et l'importance de vaincre le fascisme. Le gouvernement britannique a utilisé des émissions de radio, comme celles de Winston Churchill, pour inspirer résilience et détermination à ses citoyens. La propagande pendant la Seconde Guerre mondiale ne visait pas seulement à gagner des batailles sur les lignes de front, mais aussi à gagner les cœurs et les esprits au pays.

La censure allait souvent de pair avec la propagande, les gouvernements cherchant à contrôler le flux d'informations et à réprimer les voix dissidentes. Les régimes autoritaires, en particulier, ont largement eu recours à la censure pour se maintenir au pouvoir. En Union soviétique, le gouvernement contrôlait tous les médias, garantissant que seuls les récits approuvés par l'État étaient publiés. Le journalisme indépendant était inexistant et toute critique du gouvernement était durement sanctionnée. Le régime soviétique a également réécrit l'histoire, effaçant les individus tombés en disgrâce des documents officiels et des photographies, une pratique connue sous le nom de « révisionnisme historique ».

Dans la Chine moderne, la censure a pris une nouvelle forme avec l'avènement d'Internet. Le « Grand Pare-feu de Chine » est un système sophistiqué qui bloque l'accès aux sites Web étrangers, censure le contenu en ligne et surveille l'activité Internet. Les plateformes de médias sociaux en Chine sont fortement réglementées, les publications critiquant le gouvernement ou abordant des sujets sensibles étant rapidement supprimées. Ce niveau de contrôle permet au gouvernement chinois de façonner le discours public et d'empêcher la propagation d'idées susceptibles de remettre en cause son autorité.

Même les gouvernements démocratiques ont eu recours à la censure en temps de crise, notamment en temps de guerre. Par exemple, pendant la Seconde Guerre mondiale, le gouvernement américain a restreint la couverture médiatique de certains événements pour maintenir le moral et empêcher que des informations sensibles ne parviennent à l'ennemi. Même si de telles mesures sont souvent justifiées comme étant nécessaires à la sécurité nationale, elles soulèvent d'importantes questions sur l'équilibre entre la liberté d'expression et la nécessité d'un contrôle dans des circonstances extraordinaires.

À l'ère numérique, la propagande et la censure ont évolué d'une manière inimaginable dans le passé. Internet et les réseaux sociaux ont créé de nouvelles opportunités de diffusion de l'information, mais ils ont également facilité la manipulation et le contrôle des récits. Les campagnes de désinformation parrainées par l'État, par exemple, sont devenues une tactique courante dans la géopolitique moderne. Les gouvernements et les organisations utilisent de faux comptes, des robots et des manipulations algorithmiques pour diffuser de la propagande et influencer l'opinion publique. Ces campagnes ciblent souvent les élections, les mouvements sociaux et les relations internationales, créant ainsi confusion et division.

L'un des aspects les plus préoccupants de la propagande moderne est sa capacité à exploiter les algorithmes des plateformes de médias sociaux. Les algorithmes sont conçus pour donner la priorité au contenu qui génère de l'engagement, comme les likes, les partages et les commentaires. Cela signifie souvent que le contenu sensationnel, chargé d'émotion ou polarisant est amplifié, quelle que soit son exactitude. En conséquence, la propagande et la désinformation peuvent se propager rapidement, atteignant des millions de personnes avant que les vérificateurs des faits ou les autorités puissent intervenir. Cela a eu un impact profond sur la démocratie, dans la mesure où de fausses informations peuvent influencer l'opinion publique, miner la confiance dans les institutions et influencer les résultats des élections.

La censure à l'ère numérique est également devenue plus complexe. Alors que les formes traditionnelles de censure impliquaient le contrôle des journaux, de la radio et de la télévision, la censure moderne implique souvent le contrôle des plateformes en ligne. Les gouvernements peuvent bloquer des sites Web, fermer l'accès à Internet ou faire pression sur les entreprises technologiques pour qu'elles suppriment du contenu. Par exemple, lors de manifestations ou de soulèvements politiques, certains gouvernements ont eu recours à des coupures d'Internet pour empêcher les militants de s'organiser ou de partager des informations. Dans le même temps, les entreprises technologiques elles-mêmes sont devenues des gardiens de l'information, décidant quels contenus sont autorisés sur leurs plateformes. Cela soulève des questions éthiques sur le rôle des entreprises privées dans la régulation de la parole et sur le potentiel d'abus de pouvoir.

Les défis posés par la propagande et la censure à l'ère moderne sont importants. Ils menacent les principes de la démocratie, de la liberté d'expression et de la confiance du public. La lutte contre ces problèmes nécessite une approche multidimensionnelle, notamment une éducation aux médias, une plus grande transparence de la part des entreprises technologiques et une coopération internationale pour lutter contre les campagnes de désinformation. Cela exige également que les individus évaluent de manière critique les informations qu'ils consomment et partagent, en reconnaissant le potentiel de manipulation à l'ère numérique.

Le rôle des entreprises dans la formation de l'opinion publique

"Dans un monde de publicité, le client n'achète pas seulement un produit ; il adhère à une histoire. " – Seth Godin

Les entreprises jouent depuis longtemps un rôle important dans la formation de l'opinion publique, en utilisant leurs ressources et leur influence pour élaborer des discours, promouvoir leurs intérêts et aligner les valeurs sociétales sur leurs objectifs. Depuis l'essor de la publicité de masse au XXe siècle jusqu'aux campagnes ciblées de l'ère numérique, les entreprises sont devenues de puissants architectes de la perception du public. Grâce à la publicité, à la propriété des médias et à la communication stratégique, ils ont influencé la façon dont les gens pensent, ce qu'ils achètent et même leur perception des problèmes sociaux, politiques et environnementaux critiques.

La montée de l'influence des entreprises a commencé au début du XXe siècle, lorsque les entreprises ont reconnu le pouvoir de la publicité pour façonner le comportement des consommateurs. Avec l'avènement des médias de masse, tels que les journaux, la radio et plus tard la télévision, les entreprises ont eu accès à un large public, leur permettant ainsi de promouvoir leurs produits et services à une échelle sans précédent. Les campagnes publicitaires ne visaient pas seulement à vendre des produits : elles visaient à créer des désirs, à façonner les modes de vie et à fidéliser la marque. Par exemple, les publicités emblématiques de Coca-Cola au milieu du XXe siècle ne vendaient pas seulement une boisson ; ils vendaient une image de bonheur, de convivialité et de célébration. De la même manière, des constructeurs automobiles comme Ford et General Motors ont utilisé la publicité pour associer leurs voitures à la liberté, au statut et à la modernité, influençant ainsi la façon dont les gens percevaient les transports et la mobilité.

Les entreprises ont également exploité les médias de masse pour élaborer des récits correspondant à leurs valeurs et à leurs intérêts. En parrainant des programmes télévisés, des émissions de radio et des publications imprimées, les entreprises ont veillé à ce que leurs messages atteignent le public de manière subtile mais efficace. Par exemple, dans les années 1950 et 1960, les compagnies de tabac ont largement fait de la publicité pour les cigarettes comme symboles de sophistication et d'indépendance, malgré les preuves croissantes de leurs risques pour la santé. Ces campagnes ont façonné la perception du public sur le tabagisme pendant des décennies, démontrant comment les entreprises pouvaient utiliser les médias pour influencer les attitudes sociétales.

À mesure que l'ère numérique émergeait, les entreprises ont étendu leur influence encore plus loin, en utilisant les nouvelles technologies et plateformes pour façonner le discours public. Les plateformes de médias sociaux comme Facebook, Instagram et Twitter sont devenues de puissantes capacités permettant aux entreprises de dialoguer directement avec les consommateurs, de créer des communautés autour de leurs marques et de promouvoir leurs valeurs. La publicité ciblée, rendue possible par des algorithmes et des analyses de données, a permis aux entreprises de transmettre des messages personnalisés à des publics spécifiques, rendant ainsi leurs campagnes plus efficaces que jamais. Par exemple, des entreprises comme Nike ont utilisé les médias sociaux pour aligner leurs marques sur des causes sociales et politiques, telles que l'égalité raciale et l'autonomisation des sexes, attirant ainsi des consommateurs plus jeunes et socialement conscients.

Les campagnes de relations publiques (RP) sont également devenues une stratégie clé permettant aux entreprises de façonner l'opinion publique sur des questions plus larges. De nombreuses entreprises ont lancé des campagnes promouvant la durabilité, la diversité et la responsabilité sociale des entreprises, se positionnant ainsi en leader face aux défis mondiaux. Par exemple, des entreprises technologiques comme Apple et Google ont souligné leur engagement en faveur des énergies renouvelables et de la réduction des émissions de carbone, utilisant ces initiatives pour améliorer leur réputation et renforcer la confiance des consommateurs. De même, les chaînes de restauration rapide comme McDonald's ont lancé des campagnes mettant en avant des options de menu plus saines et des pratiques d'approvisionnement durables, répondant ainsi aux préoccupations croissantes du public concernant la santé et l'environnement.

Cependant, l'influence des entreprises ne se limite pas au comportement des consommateurs : elle s'étend également aux questions sociales, politiques et environnementales. Les entreprises utilisent souvent leur pouvoir pour influencer l'opinion publique et influencer la législation par le biais d'efforts de lobbying, de partenariats avec des groupes de réflexion et de financement de la recherche. Par exemple, les sociétés pétrolières et gazières ont toujours financé des campagnes qui minimisent les risques du changement climatique, orientant les débats publics et retardant l'action réglementaire. D'un autre côté, certaines entreprises ont utilisé leur influence pour plaider en faveur d'un changement positif, comme le soutien aux droits LGBTQ+ ou la promotion d'initiatives éducatives dans les communautés mal desservies.

Les implications éthiques de l'influence des entreprises sont complexes et multiformes. D'une part, les entreprises disposent des ressources et de la portée nécessaires pour susciter des changements positifs, sensibiliser l'opinion à des questions importantes et contribuer au progrès sociétal. Par exemple, les campagnes promouvant la durabilité ou la diversité peuvent inciter les individus et d'autres organisations à agir, créant ainsi un effet d'entraînement positif. D'un autre côté, la concentration du pouvoir des entreprises suscite des inquiétudes quant à la manipulation, à la désinformation et à l'érosion des valeurs démocratiques.

Une préoccupation majeure est la propagation de la désinformation. Dans leurs efforts pour protéger leurs intérêts, certaines entreprises ont été accusées d'avoir induit le public en erreur ou d'obscurcir la vérité. Par exemple, au cours du XXe siècle, l'industrie du tabac a financé des recherches qui ont minimisé les risques du tabagisme pour la santé, retardant ainsi la sensibilisation du public et l'action réglementaire. De même, à l'ère du numérique, des géants de la technologie comme Facebook et Google ont été critiqués pour avoir permis la propagation de fausses nouvelles et de désinformation sur leurs plateformes, soulevant des questions sur leur responsabilité dans la modération du contenu et la protection de la confiance du public.

Une autre préoccupation concerne la concentration de la propriété des médias. À mesure que les entreprises acquièrent des médias, elles acquièrent un plus grand contrôle sur les récits présentés au public. Cela peut conduire à des reportages biaisés, à une diversité limitée des points de vue et à la priorité donnée aux intérêts des entreprises par rapport à l'intégrité journalistique. Par exemple, des conglomérats médiatiques comme News Corp de Rupert Murdoch ont été critiqués pour avoir utilisé leurs plateformes pour promouvoir des programmes politiques spécifiques, influençant ainsi l'opinion publique sur un large éventail de questions.

Le rôle des groupes de réflexion et des organismes de recherche financés par les entreprises soulève également des questions éthiques. Même si ces institutions produisent souvent des informations précieuses, leurs sources de financement peuvent influencer les conclusions auxquelles elles parviennent et les politiques qu'elles préconisent. Par exemple, les groupes de réflexion financés par les sociétés de combustibles fossiles ont été accusés de minimiser l'urgence du changement climatique, en orientant les débats publics d'une manière qui correspond aux intérêts des entreprises.

Malgré ces défis, il est important de reconnaître que l'influence des entreprises n'est pas intrinsèquement négative. Lorsqu'elle est utilisée de manière responsable, elle peut stimuler l'innovation, sensibiliser et contribuer au progrès sociétal. Par exemple, les campagnes promouvant les énergies renouvelables, l'égalité des sexes et la sensibilisation à la santé mentale ont eu un impact positif, incitant les individus et les organisations à agir. La clé réside dans la garantie de la transparence, de la responsabilité et des pratiques éthiques dans la manière dont les entreprises utilisent leur influence.

Les réseaux d'information comme capacités de résistance et de révolution

Tout au long de l'histoire, les réseaux d'information ont constitué de puissantes capacités de résistance et de révolution, permettant aux individus et aux groupes de défier l'autorité, d'organiser des mouvements et d'inspirer le changement. Qu'il s'agisse d'imprimeries clandestines, de correspondance secrète ou de plateformes numériques modernes, ces réseaux ont permis aux gens de partager des idées, de coordonner leurs actions et de mobiliser leur soutien face à l'oppression. Ils ont joué un rôle central dans certaines des révolutions et mouvements de résistance les plus importants, démontrant le pouvoir transformateur de la communication dans la lutte pour la liberté et la justice.

Dans le passé, les réseaux d'information s'appuyaient sur des méthodes de communication physiques pour diffuser les idées révolutionnaires et organiser la résistance. Pendant la Révolution américaine, par exemple, la correspondance secrète et les imprimeries clandestines étaient des capacités essentielles pour les colons. Des brochures comme celles de Thomas Paine *Bon sens* largement diffusé, incitant les gens à remettre en question la domination britannique et à rallier le soutien à l'indépendance. Ces documents imprimés étaient souvent distribués en secret, contournant la censure britannique et atteignant un large public. De même, des comités de correspondance ont été créés pour partager des informations entre les colonies, garantissant ainsi que les révolutionnaires puissent coordonner leurs efforts et rester informés des actions britanniques.

La Révolution française s'est également fortement appuyée sur les réseaux d'information pour diffuser les idées révolutionnaires et mobiliser la population. Les dirigeants révolutionnaires ont utilisé des brochures, des journaux et des discours publics pour défier la monarchie et promouvoir les idéaux de liberté, d'égalité et de fraternité. Ces documents étaient souvent produits et distribués par des réseaux clandestins, contournant le contrôle de la monarchie et atteignant les gens dans toute la France. La capacité de partager des informations rapidement et efficacement a contribué à unir les révolutionnaires et à créer une dynamique de changement.

Les mouvements anticoloniaux des XIXe et XXe siècles ont également utilisé les réseaux d'information pour résister à la domination impériale. En Inde, par exemple, des dirigeants comme le Mahatma Gandhi ont utilisé les journaux et les brochures pour diffuser le message de la résistance non-violente et mobiliser le soutien en faveur de l'indépendance vis-à-vis de la domination britannique. Ces documents étaient souvent imprimés dans les langues locales, garantissant qu'ils pouvaient toucher un large public et inspirer une action collective. De même, en Afrique et en Asie du Sud-Est, des réseaux clandestins de militants ont utilisé une correspondance secrète et des messages codés pour organiser la résistance contre les puissances coloniales, démontrant ainsi le pouvoir durable de l'information dans la lutte pour la liberté.

À l'ère moderne, les réseaux d'information numériques sont devenus des capacités de résistance et de révolution encore plus puissantes. L'essor d'Internet, des plateformes de réseaux sociaux et des applications de messagerie cryptée a transformé la façon dont les gens communiquent et s'organisent, permettant aux mouvements d'atteindre un public mondial et d'opérer en temps réel. L'un des exemples les plus notables en est le Printemps arabe, une série de soulèvements pro-démocratie qui ont balayé le Moyen-Orient et l'Afrique du Nord au début des années 2010. Les plateformes de médias sociaux comme Facebook et Twitter ont joué un rôle central dans ces mouvements, permettant aux militants de partager des informations, d'organiser des manifestations et de documenter les abus du gouvernement.

En Tunisie, par exemple, l'auto-immolation de Mohamed Bouazizi, un vendeur ambulant protestant contre la corruption du gouvernement, a suscité une indignation généralisée. Les militants ont utilisé les réseaux sociaux pour partager son histoire, mobilisant des protestations qui ont finalement conduit au renversement du gouvernement. De même, en Égypte, les médias sociaux ont été utilisés pour organiser des manifestations massives sur la place Tahrir, devenue un symbole de la révolution. Des vidéos et des photos partagées en ligne ont attiré l'attention du monde entier sur les manifestations, inspirant la solidarité et le soutien des peuples du monde entier.

Les applications de messagerie cryptée, telles que WhatsApp, Signal et Telegram, sont également devenues des capacités essentielles pour les mouvements de résistance modernes. Ces plateformes permettent aux militants de communiquer en toute sécurité, protégeant ainsi leurs messages de la surveillance et de la censure du gouvernement. Par exemple, lors des manifestations de 2019 à Hong Kong, les militants ont utilisé des applications de messagerie cryptée pour coordonner leurs actions et partager des mises à jour en temps réel, garantissant ainsi que leurs efforts restent organisés et efficaces. Ces capacités ont permis aux individus et aux groupes de défier les régimes oppressifs, même face à des risques importants.

Les réseaux d'information ont également été utilisés pour dénoncer les injustices et rallier un soutien mondial à des causes sociales et politiques. Les lanceurs d'alerte, les journalistes et les militants ont utilisé les plateformes numériques pour partager des preuves de corruption, de violations des droits humains et de destruction de l'environnement, souvent au péril de leur vie. Par exemple, la publication de documents classifiés par des lanceurs d'alerte comme Edward Snowden et Chelsea Manning a attiré l'attention du monde entier sur les questions de surveillance gouvernementale et de mauvaise conduite militaire, suscitant des débats sur la vie privée, la responsabilité et la transparence.

Cependant, l'utilisation des réseaux d'information à des fins de résistance et de révolution n'est pas sans défis et sans risques. Les gouvernements ont développé des méthodes sophistiquées de surveillance et de censure pour surveiller et réprimer la dissidence. Dans des pays comme la Chine, le « Grand Pare-feu » bloque l'accès aux sites Web étrangers et censure le contenu en ligne, ce qui rend difficile le partage d'informations ou l'organisation de manifestations pour les militants. De même, les régimes autoritaires ont souvent recours aux logiciels espions et au piratage informatique pour infiltrer les réseaux d'activistes, exposant ainsi les individus à des arrestations et à des persécutions.

La diffusion de fausses informations constitue un autre défi important. Si les réseaux d'information peuvent être utilisés pour partager des informations précises et fiables, ils peuvent également être exploités pour propager des mensonges et semer la confusion. Dans certains cas, les gouvernements et d'autres acteurs ont eu recours à des campagnes de désinformation pour saper les mouvements de résistance, discréditer les militants et manipuler l'opinion publique. Cela met en évidence la nécessité d'une pensée critique et d'une éducation aux médias à l'ère numérique, car les individus doivent naviguer dans un paysage informationnel complexe et souvent peu fiable.

Malgré ces défis, les réseaux d'information restent une puissante capacité de résistance et de révolution. Ils ont donné aux individus et aux groupes les moyens de défier les régimes oppressifs, de dénoncer les injustices et de rallier un soutien mondial en faveur du changement. Des presses à imprimer clandestines du passé aux applications de messagerie cryptées d'aujourd'hui, ces réseaux ont démontré le pouvoir durable de la communication dans la lutte pour la liberté et la justice.

Chapitre 10

Algorithmes et flux d'informations

Que sont les algorithmes ?

Les algorithmes sont omniprésents dans la vie moderne, travaillant discrètement en coulisses pour prendre des décisions, résoudre des problèmes et organiser les grandes quantités d'informations avec lesquelles nous interagissons chaque jour. Bien que le terme puisse paraître technique ou intimidant, le concept d'algorithme est en réalité assez simple. À la base, un algorithme est un ensemble d'instructions ou de règles étape par étape conçues pour effectuer une tâche ou résoudre un problème. Considérez-le comme une recette dans un livre de cuisine : la recette fournit des étapes claires à suivre pour préparer un gâteau. De même, les algorithmes fournissent des instructions aux ordinateurs pour traiter les données et effectuer des tâches.

Par exemple, imaginez que vous donnez à quelqu'un l'itinéraire pour se rendre chez vous. Vous pourriez dire : « Tournez à gauche au premier feu, continuez tout droit pendant deux pâtés de maisons, puis tournez à droite à la station-service. » Il s'agit d'un algorithme : une séquence d'étapes qui mène à un résultat spécifique. Dans le monde numérique, les algorithmes fonctionnent à peu près de la même manière, mais au lieu de guider quelqu'un vers une destination, ils guident les ordinateurs pour traiter les informations, prendre des décisions ou fournir des résultats.

Dans les réseaux d'information modernes, les algorithmes jouent un rôle crucial dans l'organisation et le traitement des énormes quantités de données générées chaque seconde. Ce sont les moteurs invisibles qui alimentent les moteurs de recherche, les plateformes de médias sociaux, les systèmes de recommandation et d'innombrables autres technologies. Par exemple, lorsque vous tapez une question dans Google, son algorithme de recherche analyse des milliards de pages Web en une fraction de seconde pour fournir les résultats les plus pertinents. Cet algorithme suit un ensemble de règles pour déterminer quelles pages sont les plus susceptibles de répondre à votre question, en tenant compte de facteurs tels que les mots-clés, la qualité de la page et le comportement des utilisateurs.

Les plateformes de médias sociaux comme Facebook, Instagram et Twitter s'appuient également fortement sur des algorithmes pour décider quel contenu apparaît dans votre flux. Ces algorithmes analysent vos interactions passées, telles que les publications que vous avez aimées, les comptes que vous suivez et le temps que vous passez sur certains types de contenu, pour prédire avec quoi vous êtes le plus susceptible d'interagir. Par exemple, l'algorithme du fil d'actualité de Facebook donne la priorité aux publications d'amis, de groupes ou de pages avec lesquelles vous interagissez le plus souvent, garantissant ainsi que votre flux vous semble personnalisé et pertinent.

Les systèmes de recommandation, comme ceux utilisés par Netflix, Spotify et Amazon, sont un autre exemple d'algorithmes en action. Ces systèmes analysent votre historique de visionnage, d'écoute ou d'achat pour suggérer des films, des chansons ou des produits que vous pourriez apprécier. Si vous avez déjà vu une section « Parce que vous avez regardé... » sur Netflix ou une suggestion « Les clients qui ont acheté ceci ont également acheté... » sur Amazon, vous avez expérimenté le travail d'un algorithme de recommandation. Ces systèmes facilitent la découverte de nouveaux contenus ou produits correspondant à vos préférences, vous permettant ainsi d'économiser du temps et des efforts.

Les avantages des algorithmes sont indéniables. Ils rendent les tâches complexes plus efficaces, permettant aux systèmes de traiter et d'analyser de grandes quantités de données à des vitesses incroyables. Ils permettent l'évolutivité, ce qui signifie qu'ils peuvent gérer des millions, voire des milliards, d'utilisateurs simultanément. Et ils offrent des expériences personnalisées, adaptant le contenu, les recommandations et les services aux préférences individuelles. Sans algorithmes, naviguer sur Internet ou utiliser les services numériques modernes serait une tâche fastidieuse et chaotique.

Cependant, l'utilisation généralisée des algorithmes s'accompagne également de défis et de controverses. Une préoccupation majeure est la partialité. Les algorithmes sont créés par des humains et les données sur lesquelles ils s'appuient reflètent souvent des préjugés humains. Par exemple, si un algorithme de recrutement est formé sur des données historiques qui favorisent certaines données démographiques, il peut involontairement discriminer d'autres. Cela a soulevé d'importantes questions sur l'équité et la responsabilité dans la prise de décision algorithmique.

Un autre problème est le manque de transparence. De nombreux algorithmes, notamment ceux utilisés par les grandes entreprises technologiques, fonctionnent comme des « boîtes noires », ce qui signifie que leur fonctionnement interne n'est pas visible au public. Les utilisateurs n'ont souvent aucun moyen de savoir comment les décisions sont prises ou pourquoi certains contenus sont prioritaires. Ce manque de transparence peut susciter la méfiance et rendre difficile la responsabilisation des entreprises quant à l'impact de leurs algorithmes.

Les algorithmes ont également été critiqués pour leur rôle dans la création de chambres d'écho et dans l'amplification de la désinformation. Sur les plateformes de médias sociaux, les algorithmes donnent la priorité au contenu qui génère de l'engagement, comme les likes, les partages et les commentaires. Malheureusement, cela signifie souvent que le contenu sensationnel, chargé d'émotion ou polarisant est amplifié, car il a tendance à attirer davantage l'attention. Cela peut conduire à la propagation de fausses informations et à la formation de chambres d'écho, dans lesquelles les utilisateurs ne sont exposés qu'à des informations qui renforcent leurs croyances existantes. Ces dynamiques peuvent contribuer à la polarisation sociétale et miner la confiance dans les réseaux d'information.

Malgré ces défis, les algorithmes restent un élément essentiel des réseaux modernes et leur potentiel d'impact positif est immense. Ils ont révolutionné la façon dont nous accédons à l'information, nous connectons avec les autres et découvrons de nouveaux contenus. Dans le même temps, il est crucial d'aborder les implications éthiques et sociétales des algorithmes pour garantir qu'ils servent le bien commun. Cela implique de développer des systèmes plus transparents et responsables, de réduire les préjugés et de trouver des moyens d'équilibrer la personnalisation avec le besoin de perspectives diverses.

Les avantages des algorithmes

Les algorithmes sont les moteurs invisibles qui dirigent une grande partie du monde moderne, transformant la façon dont nous vivons, travaillons et interagissons avec la technologie. Ces instructions étape par étape, conçues pour résoudre des problèmes et accomplir des tâches, ont apporté des bénéfices remarquables à la société. En améliorant l'efficacité, en permettant la personnalisation et en favorisant l'innovation, les algorithmes sont devenus essentiels dans d'innombrables domaines, des soins de santé et du divertissement aux transports et à la recherche scientifique. Leur capacité à traiter de grandes quantités de données, à automatiser des tâches complexes et à s'adapter aux besoins individuels a révolutionné la vie moderne, la rendant plus rapide, plus intelligente et plus connectée.

L'un des avantages les plus importants des algorithmes est leur capacité à améliorer l'efficacité. Dans un monde où de grandes quantités de données sont générées chaque seconde, les algorithmes nous aident à donner un sens à tout cela, en automatisant des tâches qui autrement prendraient des heures, des jours, voire des années aux humains. Par exemple, dans le domaine de la logistique, les algorithmes sont utilisés pour optimiser les chaînes d'approvisionnement, garantissant ainsi que les marchandises sont transportées des fabricants aux consommateurs aussi rapidement et de la manière la plus rentable possible. Des entreprises comme Amazon s'appuient sur des algorithmes pour gérer leurs stocks massifs, prévoir la demande et déterminer les itinéraires de livraison les plus rapides. Ces systèmes permettent de gagner du temps, de réduire les coûts et de garantir que les clients reçoivent leurs commandes rapidement.

Dans le secteur financier, les algorithmes ont révolutionné la manière dont les transactions sont traitées et les investissements sont gérés. Les algorithmes de trading à haute fréquence, par exemple, peuvent analyser les tendances du marché et exécuter des transactions en quelques millisecondes, bien plus rapidement que n'importe quel humain. Cette rapidité et cette précision permettent aux institutions financières de maximiser leurs profits et de minimiser les risques. De même, des algorithmes sont utilisés dans la détection des fraudes, analysant les modèles de données de transaction pour identifier les activités suspectes et protéger les consommateurs contre les délits financiers.

La santé est un autre domaine dans lequel les algorithmes ont considérablement amélioré l'efficacité. Les algorithmes médicaux aident les médecins à diagnostiquer les maladies, à analyser les images médicales et à recommander des traitements. Par exemple, des algorithmes basés sur l'intelligence artificielle (IA) peuvent examiner les rayons X ou les IRM pour détecter des affections telles que le cancer ou les fractures avec une précision remarquable. Ces capacités permettent non seulement de gagner du temps, mais améliorent également les résultats pour les patients en identifiant les problèmes qui pourraient passer inaperçus à l'œil humain. En santé publique, les algorithmes sont utilisés pour suivre la propagation des maladies, prévoir les épidémies et allouer efficacement les ressources, comme cela a été le cas lors de la pandémie de COVID-19.

Au-delà de l'efficacité, les algorithmes ont transformé la façon dont nous interagissons avec la technologie en permettant la personnalisation. Dans le monde numérique d'aujourd'hui, les gens s'attendent à des expériences adaptées à leurs préférences individuelles, et les algorithmes rendent cela possible. Des plateformes comme Netflix, Spotify et Amazon utilisent des algorithmes de recommandation pour suggérer des films, de la musique ou des produits en fonction du comportement passé d'un utilisateur. Par exemple, si vous regardez beaucoup de films d'action sur Netflix, l'algorithme de la plateforme vous proposera des films similaires qui pourraient vous plaire. Cette personnalisation crée une expérience plus engageante et plus satisfaisante, aidant les utilisateurs à découvrir un contenu qui correspond à leurs goûts.

La personnalisation va au-delà du divertissement et du shopping. Les plateformes de médias sociaux comme Facebook, Instagram et Twitter utilisent des algorithmes pour organiser les flux des utilisateurs, affichant les publications et les mises à jour les plus pertinentes pour eux. Bien que cela puisse rendre les médias sociaux plus agréables, cela met également en évidence le pouvoir des algorithmes pour façonner ce que nous voyons et avec lequel nous interagissons en ligne. Dans le domaine de l'éducation, les plateformes d'apprentissage personnalisées utilisent des algorithmes pour adapter les cours aux besoins de chaque élève, les aidant ainsi à apprendre à leur propre rythme et à se concentrer sur les domaines où ils ont le plus besoin d'amélioration.

L'avantage le plus intéressant des algorithmes est peut-être leur rôle dans la stimulation de l'innovation. En favorisant les progrès de l'intelligence artificielle, de la robotique et de la recherche scientifique, les algorithmes ouvrent de nouvelles possibilités et résolvent des problèmes autrefois considérés comme insurmontables. Les voitures autonomes, par exemple, s'appuient sur des algorithmes complexes pour traiter les données des capteurs, des caméras et des systèmes GPS, leur permettant ainsi de naviguer sur les routes, d'éviter les obstacles et de prendre des décisions en temps réel. Ces véhicules ont le potentiel de réduire les accidents de la route, d'améliorer le rendement énergétique et de transformer les transports tels que nous les connaissons.

Dans le domaine du traitement du langage naturel, les algorithmes permettent à des technologies telles que les assistants virtuels (par exemple Siri, Alexa et Google Assistant) de comprendre la parole humaine et d'y répondre. Ces systèmes utilisent des algorithmes pour analyser le langage, reconnaître des modèles et générer des réponses appropriées, permettant ainsi aux utilisateurs d'interagir plus facilement avec la technologie de manière naturelle et intuitive. De même, les algorithmes alimentent les capacités de traduction comme Google Translate, éliminant les barrières linguistiques et facilitant la communication mondiale.

La recherche scientifique a également été révolutionnée par les algorithmes. En climatologie, les algorithmes sont utilisés pour modéliser des systèmes complexes, prédire les conditions météorologiques et étudier les impacts du changement climatique. Ces modèles aident les scientifiques à comprendre comment la planète évolue et à développer des stratégies pour en atténuer les effets. En médecine, les algorithmes accélèrent la découverte de médicaments en analysant de vastes ensembles de données pour identifier des traitements potentiels contre des maladies. Par exemple, pendant la pandémie de COVID-19, des algorithmes ont été utilisés pour analyser la structure génétique du virus et identifier des candidats vaccins potentiels, accélérant ainsi le processus de développement et sauvant des vies.

Si les avantages des algorithmes sont indéniables, il est important de reconnaître que leur impact dépend de la manière dont ils sont conçus et utilisés. Lorsqu'ils sont mis en œuvre de manière responsable, les algorithmes peuvent améliorer l'efficacité, renforcer la personnalisation et stimuler l'innovation d'une manière qui profite à la société dans son ensemble. Cependant, à mesure que les algorithmes s'intègrent de plus en plus dans nos vies, il est essentiel de relever des défis tels que les préjugés, la transparence et les considérations éthiques pour garantir que leurs avantages sont distribués de manière juste et équitable.

Les risques des algorithmes

Les algorithmes sont devenus une force puissante dans la vie moderne, façonnant les décisions qui affectent tout, des publicités que nous voyons en ligne aux prêts auxquels nous sommes admissibles et même aux emplois qui nous sont proposés. S'ils apportent de nombreux avantages, tels que l'efficacité et l'innovation, les algorithmes comportent également des risques importants. Des problèmes tels que les préjugés, le manque de transparence et la responsabilité ont soulevé de sérieuses inquiétudes quant à la manière dont les algorithmes sont conçus, mis en œuvre et utilisés. Ces risques mettent en évidence la nécessité d'une surveillance attentive et de considérations éthiques pour garantir que les algorithmes servent la société de manière équitable et responsable.

L'un des risques les plus pressants des algorithmes est le biais. Les algorithmes ne sont pas intrinsèquement neutres ; ils sont créés par des humains et dépendent des données pour fonctionner. Si les données utilisées pour entraîner un algorithme contiennent des biais, qu'ils soient intentionnels ou non, l'algorithme peut reproduire et même amplifier ces biais. Par exemple, il a été constaté que les algorithmes d'embauche conçus pour sélectionner les candidats à un emploi favorisent les hommes par rapport aux femmes parce qu'ils ont été formés sur la base de données d'embauche historiques qui reflétaient les préjugés sexistes sur le lieu de travail. Au lieu de promouvoir l'équité, ces algorithmes ont renforcé les inégalités existantes.

Les systèmes de reconnaissance faciale fournissent un autre exemple frappant de biais algorithmique. Des études ont montré que certains algorithmes de reconnaissance faciale sont nettement moins précis pour identifier les personnes à la peau plus foncée que celles à la peau plus claire. Cela a entraîné des conséquences concrètes, telles que des arrestations injustifiées et des discriminations, en particulier à l'encontre des personnes de couleur. Ces inexactitudes proviennent de données de formation biaisées qui sous-représentent certains groupes, soulignant à quel point la qualité et la diversité des données jouent un rôle essentiel dans l'équité algorithmique.

Les pratiques de prêt discriminatoires sont un autre exemple de la manière dont les biais des algorithmes peuvent nuire aux individus. Il a été constaté que certains algorithmes financiers utilisés pour déterminer la solvabilité désavantagent les groupes minoritaires, même lorsque la race n'est pas explicitement incluse comme facteur. Cela se produit parce que les algorithmes s'appuient sur d'autres points de données, tels que les codes postaux ou les niveaux de revenus, qui peuvent servir d'indicateurs de race ou de statut socio-économique. En conséquence, les personnes issues de communautés marginalisées peuvent se voir injustement refuser des prêts ou se voir facturer des taux d'intérêt plus élevés, perpétuant ainsi les cycles d'inégalité.

La question de la transparence est étroitement liée au problème des préjugés. De nombreux algorithmes fonctionnent comme des « boîtes noires », ce qui signifie que leur fonctionnement interne n'est pas facilement compris par les utilisateurs, ni même par ceux qui les ont créés. Ce manque de transparence rend difficile l'identification des erreurs, des préjugés ou des résultats injustes. Par exemple, les algorithmes des réseaux sociaux donnent la priorité au contenu qui génère de l'engagement, comme les likes, les partages et les commentaires. Bien que cela puisse rendre les plateformes plus attrayantes, cela peut également amplifier les contenus préjudiciables, tels que la désinformation, les discours de haine ou les publications qui divisent. Les utilisateurs n'ont souvent aucun moyen de savoir pourquoi certains contenus apparaissent dans leurs flux, ce qui suscite méfiance et inquiétudes quant à l'impact de ces algorithmes sur le discours public.

Les systèmes de notation de crédit sont un autre domaine dans lequel la transparence constitue une préoccupation majeure. Ces algorithmes déterminent si une personne est admissible à un prêt ou à une carte de crédit, mais les critères qu'ils utilisent sont souvent peu clairs. Si une personne se voit refuser un crédit, elle ne comprendra peut-être pas pourquoi ni comment améliorer ses chances à l'avenir. Ce manque de clarté peut engendrer de la frustration et un sentiment d'injustice, en particulier lorsque les décisions ont des conséquences importantes sur le bien-être financier des personnes.

La transparence est également essentielle dans des domaines à enjeux élevés comme les soins de santé et la justice pénale. Par exemple, les algorithmes utilisés pour prédire l'évolution des patients ou évaluer le risque de récidive dans des affaires pénales peuvent avoir des conséquences bouleversantes. Si ces algorithmes ne sont pas transparents, il devient presque impossible d'évaluer leur exactitude ou leur équité. Cela soulève des questions importantes quant à savoir si nous pouvons faire confiance aux algorithmes pour prendre des décisions qui affectent la vie des gens.

Le troisième risque majeur des algorithmes est la responsabilité. Lorsqu'un algorithme cause un préjudice ou prend une décision contraire à l'éthique, il est souvent difficile de savoir qui doit être tenu responsable. Est-ce le développeur qui a conçu l'algorithme ? L'entreprise qui l'a déployé ? Ou l'agence gouvernementale qui a approuvé son utilisation ? Ce manque de responsabilité crée une zone grise dans laquelle personne n'assume la responsabilité des conséquences des décisions algorithmiques.

Par exemple, si une voiture autonome propulsée par des algorithmes provoque un accident, qui est responsable ? S'agit-il du constructeur automobile, du développeur du logiciel ou du propriétaire du véhicule ? Ces questions mettent en évidence les défis éthiques et juridiques liés à la tenuc des individus ou des organisations pour responsables des actions des algorithmes. Sans responsabilité claire, les entreprises ne sont guère incitées à faire face aux risques associés à leurs algorithmes, laissant les utilisateurs vulnérables aux préjudices.

La question de la responsabilité est encore compliquée par la nature mondiale des algorithmes. De nombreux algorithmes sont développés et déployés au-delà des frontières, ce qui rend difficile l'établissement de réglementations cohérentes ou l'application de normes éthiques. Par exemple, une plateforme de médias sociaux basée dans un pays peut utiliser des algorithmes qui influencent les élections ou diffusent des informations erronées dans un autre.

Cela soulève des questions quant à savoir qui est responsable de la réglementation de ces algorithmes et de garantir qu'ils sont utilisés de manière responsable.

Pour faire face à ces risques, il est essentiel d'élaborer des réglementations, des lignes directrices éthiques et des mécanismes de surveillance qui favorisent l'équité, la transparence et la responsabilité dans les systèmes algorithmiques. Cela implique notamment d'exiger des entreprises qu'elles vérifient les biais de leurs algorithmes, divulguent leur fonctionnement et fournissent des explications sur leurs décisions. Cela signifie également tenir les organisations pour responsables lorsque leurs algorithmes causent un préjudice, que ce soit par le biais de cadres juridiques ou de normes industrielles.

En outre, il est crucial de sensibiliser le public et de l'éduquer aux algorithmes. Les gens doivent comprendre comment les algorithmes affectent leur vie et être en mesure de remettre en question leur équité et leur exactitude. Cela peut permettre aux individus de plaider en faveur d'une plus grande transparence et d'une plus grande responsabilité, en garantissant que les algorithmes soient utilisés d'une manière qui profite à la société dans son ensemble.

Comment les algorithmes façonnent nos choix et nos comportements

Dans le monde numérique d'aujourd'hui, les algorithmes sont devenus de puissantes capacités qui influencent presque tous les aspects de nos vies. Du contenu que nous voyons sur les réseaux sociaux aux produits que nous achetons en ligne, les algorithmes travaillent constamment en coulisses pour façonner nos choix et nos comportements. Ces instructions étape par étape, conçues pour analyser les données et prédire les préférences, ne sont pas de simples capacités passives : elles guident activement la manière dont nous interagissons avec le monde, souvent d'une manière dont nous ne nous rendons même pas compte. En adaptant le contenu, les recommandations et les publicités aux utilisateurs individuels, les algorithmes ont un impact profond sur notre prise de décision, nos habitudes et même nos convictions.

À la base, les algorithmes sont conçus pour traiter de grandes quantités de données et faire des prédictions. Lorsque vous utilisez une plateforme de médias sociaux, achetez en ligne ou regardez un film en streaming, les algorithmes analysent votre comportement (ce sur quoi vous cliquez, combien de temps vous regardez quelque chose, ce que vous aimez ou partagez) et utilisent ces informations pour prédire ce que vous pourriez vouloir voir ou faire ensuite. Par exemple, lorsque vous ouvrez Netflix, son algorithme de recommandation suggère des films et des émissions de télévision en fonction de votre historique de visionnage et des préférences des utilisateurs ayant des goûts similaires. De même, l'algorithme d'Amazon recommande des produits qui pourraient vous intéresser, tandis que Spotify organise des listes de lecture adaptées à vos préférences musicales. Ces expériences personnalisées facilitent la recherche de contenus ou de produits correspondant à vos intérêts, mais elles orientent également subtilement vos choix en privilégiant certaines options par rapport à d'autres.

Les plateformes de médias sociaux comme Facebook, Instagram, TikTok et YouTube portent cette personnalisation à un autre niveau. Leurs algorithmes sont conçus pour maximiser l'engagement, ce qui signifie qu'ils donnent la priorité au contenu le plus susceptible de vous inciter à faire défiler, à aimer et à partager. Par exemple, la page « Pour vous » de TikTok utilise un algorithme pour afficher des vidéos qui correspondent à vos intérêts, en fonction de la façon dont vous interagissez avec l'application. Si vous passez plus de temps à regarder des vidéos amusantes ou des défis de danse, l'algorithme vous montrera davantage de ce type de contenu. De même, l'algorithme de recommandation de YouTube suggère des vidéos qui correspondent à votre historique de visionnage, vous encourageant à continuer à les regarder pendant des heures.

Si ces algorithmes rendent les plateformes plus attrayantes, ils ont également des effets psychologiques et comportementaux importants. L'un des effets les plus notables est la création de chambres d'écho, où les utilisateurs sont principalement exposés à du contenu qui renforce leurs croyances existantes. Par exemple, si vous regardez fréquemment des vidéos ou lisez des articles sur un point de vue politique particulier, l'algorithme vous montrera davantage de contenu correspondant à ce point de vue. Au fil du temps, cela peut limiter votre exposition à des opinions diverses et créer une vision déformée de la réalité, car vous ne voyez que des informations qui confirment ce que vous croyez déjà.

Les algorithmes peuvent également renforcer les préjugés, tant au niveau individuel que sociétal. Par exemple, si un algorithme est formé sur des données biaisées, il peut perpétuer des stéréotypes ou des pratiques discriminatoires. Ceci est particulièrement préoccupant dans des domaines tels que l'embauche, les prêts ou l'application de la loi, où les décisions algorithmiques peuvent avoir des conséquences concrètes. Même dans les interactions quotidiennes, les algorithmes peuvent façonner subtilement notre façon de penser et de nous comporter en amplifiant certaines idées ou tendances tout en en supprimant d'autres.

Un autre effet significatif de l'influence algorithmique est l'encouragement des comportements addictifs. Les plateformes de médias sociaux, en particulier, sont conçues pour maintenir l'engagement des utilisateurs le plus longtemps possible. Des fonctionnalités telles que le défilement infini, la lecture automatique et les notifications sont toutes pilotées par des algorithmes qui analysent le comportement des utilisateurs et optimisent le temps passé sur la plate-forme. Cela peut conduire à une utilisation compulsive, car les utilisateurs se sentent obligés de continuer à consulter leurs flux ou à regarder « juste une vidéo de plus ». Au fil du temps, cela peut affecter la santé mentale, entraînant des sentiments d'anxiété, de stress ou d'insatisfaction.

L'influence des algorithmes s'étend au-delà du comportement individuel et s'étend aux tendances sociétales plus larges. Par exemple, les algorithmes jouent un rôle important dans la formation de l'opinion publique en déterminant quelles informations les gens voient et comment elles sont présentées. Pendant les élections, les campagnes politiques utilisent des algorithmes pour cibler les publicités sur des groupes spécifiques d'électeurs, en adaptant les messages à leurs intérêts et préoccupations. Même si cela peut être un moyen efficace d'impliquer les électeurs, cela soulève également des inquiétudes quant à la manipulation et à la propagation de fausses informations. Les publicités ciblées peuvent exploiter les peurs ou les préjugés des gens, influençant leurs décisions d'une manière qu'ils ne comprennent peut-être pas entièrement.

Les bulles de filtres, créées par des algorithmes qui donnent la priorité au contenu personnalisé, peuvent également contribuer à la polarisation sociétale. Lorsque les gens ne sont exposés qu'à des informations qui correspondent à leurs convictions, il devient plus difficile de trouver un terrain d'entente ou d'engager un dialogue constructif. Cela peut aggraver les divisions au sein de la société, à mesure que différents groupes deviennent plus ancrés dans leurs points de vue et moins disposés à considérer des points de vue alternatifs.

Les algorithmes jouent également un rôle dans l'amplification de la désinformation, notamment sur les plateformes de réseaux sociaux. Les contenus sensationnels, chargés d'émotion ou controversés ont tendance à générer plus d'engagement, ce qui signifie que les algorithmes sont plus susceptibles de leur donner la priorité. Cela peut conduire à la diffusion rapide d'informations fausses ou trompeuses, avec de graves conséquences sur la confiance du public et sur la prise de décision. Par exemple, pendant la pandémie de COVID-19, la désinformation sur le virus, les vaccins et les traitements s'est largement répandue sur les réseaux sociaux, compliquant les efforts visant à lutter contre la crise et à protéger la santé publique.

Malgré ces défis, les algorithmes ne sont pas intrinsèquement bons ou mauvais : ce sont des capacités qui reflètent les objectifs et les valeurs des personnes qui les conçoivent et les utilisent. Lorsqu'ils sont utilisés de manière responsable, les algorithmes peuvent améliorer nos vies en rendant les informations plus accessibles, en améliorant l'efficacité et en créant des expériences personnalisées. Cependant, leur influence sur nos choix et nos comportements souligne également la nécessité d'une plus grande transparence, responsabilité et considérations éthiques dans leur conception et leur mise en œuvre.

Chapitre 11

La technologie va-t-elle nous rapprocher ou nous séparer ?

La technologie a toujours été un moteur de progrès, faisant tomber des barrières qui semblaient autrefois insurmontables. Qu'il s'agisse de connecter les personnes sur de grandes distances, de responsabiliser les communautés marginalisées ou de créer de nouvelles opportunités économiques, les progrès technologiques ont transformé notre façon de vivre, de travailler et d'interagir avec le monde. En surmontant les barrières physiques, sociales et économiques, la technologie a favorisé une plus grande connectivité et une plus grande inclusivité, rendant le monde plus accessible et plus équitable pour des millions de personnes.

L'une des façons les plus remarquables par lesquelles la technologie a fait tomber les barrières est de réduire les distances géographiques. Des innovations telles qu'Internet, les smartphones et les plateformes de communication ont permis aux individus de se connecter et de collaborer partout dans le monde en temps réel. Dans le passé, communiquer avec quelqu'un à l'autre bout du monde nécessitait des lettres qui mettaient des semaines à arriver ou des appels téléphoniques longue distance coûteux. Aujourd'hui, les fonctionnalités de vidéoconférence telles que Zoom, Microsoft

Teams et Google Meet permettent aux utilisateurs de tenir instantanément des conversations en face à face, où qu'ils se trouvent. Cela a révolutionné les industries, permettant le travail à distance et la collaboration mondiale. Par exemple, un développeur de logiciels en Inde peut travailler en toute transparence avec une équipe aux États-Unis, tandis qu'un enseignant en Australie peut dispenser des cours à des étudiants en Afrique.

L'éducation en ligne est un autre exemple frappant de la façon dont la technologie a rendu le monde plus accessible. Des plateformes telles que Coursera, Khan Academy et edX proposent des cours dispensés par les meilleures universités et institutions, permettant à toute personne disposant d'une connexion Internet d'acquérir de nouvelles compétences ou d'obtenir des certifications. Cela a ouvert des possibilités d'éducation aux personnes vivant dans des zones reculées ou mal desservies qui n'avaient peut-être pas accès aux écoles ou universités traditionnelles. De même, le travail à distance, rendu possible par la technologie, a permis aux individus de poursuivre une carrière sans être limités par leur emplacement physique. Un graphiste d'une petite ville peut désormais travailler pour une entreprise dans une grande ville, éliminant ainsi les barrières géographiques et créant de nouvelles possibilités d'emploi.

La technologie a également joué un rôle crucial dans l'élimination des barrières sociales, l'autonomisation des communautés marginalisées et l'amplification des voix diverses. Les plateformes de médias sociaux comme Twitter, Instagram et TikTok ont offert aux individus une plateforme pour partager leurs histoires, plaider en faveur du changement et se connecter avec d'autres personnes qui partagent leurs expériences. Des mouvements comme #MeToo, #BlackLivesMatter et #DisabilityPride ont attiré l'attention du monde entier grâce aux médias sociaux, sensibilisant aux problèmes de justice sociale et inspirant l'action collective. Ces plateformes ont permis à des personnes de tous horizons de participer à des conversations autrefois dominées par quelques privilégiés, favorisant ainsi une plus grande inclusivité et représentation.

Les technologies d'assistance ont encore fait tomber les barrières sociales en améliorant l'accessibilité pour les personnes handicapées. Des innovations telles que les lecteurs d'écran, les logiciels de reconnaissance vocale et les prothèses ont permis aux personnes handicapées de participer plus pleinement à la société. Par exemple, les lecteurs d'écran permettent aux personnes malvoyantes de naviguer sur Internet et d'accéder à des informations, tandis que les logiciels de reconnaissance vocale permettent aux personnes à mobilité réduite de contrôler leurs appareils et de communiquer plus facilement. Ces technologies ont non seulement amélioré la qualité de vie, mais ont également créé des opportunités en matière d'éducation, d'emploi et d'interaction sociale.

En plus de surmonter les obstacles physiques et sociaux, la technologie a également permis de surmonter les obstacles économiques, créant ainsi des opportunités d'entrepreneuriat, d'accès aux marchés mondiaux et d'inclusion financière. Les plateformes de commerce électronique comme Amazon, Etsy et Shopify ont permis aux petites entreprises et aux créateurs indépendants d'atteindre des clients du monde entier. Un artisan d'un village rural peut désormais vendre ses produits à des acheteurs des centres urbains ou même à l'international, en contournant les obstacles traditionnels comme une demande locale limitée ou le manque d'accès aux marchés physiques. Cela a permis à d'innombrables entrepreneurs de créer des entreprises et d'améliorer leurs moyens de subsistance.

Les services bancaires mobiles et les systèmes de paiement numérique ont été particulièrement transformateurs dans les pays en développement, où l'accès aux services bancaires traditionnels est souvent limité. Des plateformes comme M-Pesa au Kenya ont permis à des millions de personnes d'envoyer et de recevoir de l'argent, de payer leurs factures et d'accéder au crédit en utilisant leur téléphone mobile. Cela a non seulement amélioré l'inclusion financière, mais a également soutenu la croissance économique en facilitant la participation des particuliers et des entreprises à l'économie. Par exemple, un agriculteur d'une région éloignée peut désormais recevoir les paiements pour ses produits directement sur son téléphone mobile, éliminant ainsi le besoin de se rendre à la banque la plus proche, coûteuse et longue.

Les capacités d'apprentissage en ligne ont également permis de surmonter les obstacles économiques en offrant une éducation abordable aux populations mal desservies. Des plateformes comme Udemy et Skillshare proposent des cours à faible coût sur un large éventail de sujets, du codage et de la conception graphique aux affaires et au marketing. Ces ressources permettent aux individus d'acquérir de nouvelles compétences et d'améliorer leur employabilité sans les coûts élevés associés à l'éducation traditionnelle. Dans de nombreux cas, l'apprentissage en ligne a été une bouée de sauvetage pour les personnes cherchant à s'adapter à l'évolution du marché du travail ou à démarrer une nouvelle carrière.

Même si la technologie a fait des progrès incroyables pour éliminer les barrières, il est important de reconnaître que des défis subsistent. L'inégalité numérique, par exemple, continue de limiter l'accès à la technologie pour de nombreuses personnes, en particulier dans les zones rurales ou à faible revenu. Veiller à ce que chacun puisse bénéficier des progrès technologiques nécessite des efforts continus pour étendre l'accès à Internet, fournir des appareils abordables et promouvoir la culture numérique.

Médias sociaux et mouvements mondiaux : le pouvoir de la connexion

Les médias sociaux ont transformé la façon dont les gens se connectent, communiquent et s'organisent, devenant ainsi l'une des capacités les plus puissantes des mouvements mondiaux du 21e siècle. Des plateformes comme Twitter, Facebook, Instagram et TikTok ont abattu les barrières géographiques, linguistiques et d'accès, permettant aux individus et aux groupes de partager des informations instantanément, d'amplifier leur voix et de mobiliser le soutien pour des causes qui leur tiennent à cœur. En démocratisant la communication, les médias sociaux ont donné une voix aux communautés marginalisées, renforcé l'activisme populaire et favorisé la solidarité au-delà des frontières. C'est devenu une scène numérique où chacun, quelle que soit son origine, peut participer à façonner le monde.

L'un des moyens les plus importants par lesquels les médias sociaux ont renforcé les mouvements mondiaux consiste à connecter les personnes du monde entier en temps réel. Dans le passé, organiser des manifestations ou sensibiliser à un problème nécessitait souvent d'avoir accès aux médias traditionnels comme les journaux, la radio ou la télévision. Ces chaînes étaient contrôlées par des gardiens qui décidaient quelles histoires étaient racontées et quelles voix étaient entendues. Les médias sociaux ont complètement changé cette dynamique. Désormais, toute personne disposant d'un smartphone et d'une connexion Internet peut partager son histoire, toucher des millions de personnes et inciter à l'action. Cela a permis aux mouvements de se développer rapidement, alimentés par le pouvoir de la connexion et un objectif commun.

Le Printemps arabe est un exemple frappant de la manière dont les médias sociaux peuvent déclencher et soutenir des mouvements mondiaux. À partir de fin 2010, une vague de soulèvements pro-démocratie a déferlé sur le Moyen-Orient et l'Afrique du Nord, défiant les régimes autoritaires et exigeant des réformes politiques. Les plateformes de médias sociaux comme Facebook et Twitter ont joué un rôle central dans ces soulèvements, permettant aux militants d'organiser des manifestations, de partager des mises à jour en temps réel et de documenter la répression gouvernementale. En Égypte, par exemple, des militants ont utilisé Facebook pour coordonner des manifestations massives sur la place Tahrir, tandis que Twitter est devenu une plateforme permettant de partager des informations et de rallier un soutien international. Des vidéos et des photos publiées sur les réseaux sociaux ont attiré l'attention du monde entier sur les luttes des citoyens ordinaires, inspirant la solidarité et faisant pression sur les gouvernements pour qu'ils réagissent.

Un autre exemple du pouvoir transformateur des médias sociaux est le mouvement #MeToo, qui a débuté sous la forme d'un hashtag sur Twitter en 2017 et est rapidement devenu un phénomène mondial. Le mouvement a encouragé les survivantes de harcèlement et d'agressions sexuelles à partager leurs histoires, brisant le silence autour de ces questions et obligeant les individus puissants à rendre des comptes. Les médias sociaux ont fourni une plateforme permettant aux survivants de se connecter, de se soutenir mutuellement et d'amplifier leurs voix, créant ainsi un effet d'entraînement qui a atteint les industries, les institutions et les gouvernements du monde entier. Le mouvement #MeToo a démontré comment les médias sociaux peuvent permettre aux individus de contester les injustices systémiques et d'exiger des changements.

Le mouvement Black Lives Matter (BLM) est un autre témoignage du pouvoir des médias sociaux dans l'activisme mondial. Fondée en 2013, BLM a attiré l'attention en 2020 suite au meurtre de George Floyd, un homme noir tué par un policier aux États-Unis. Les vidéos de l'incident, partagées sur des plateformes comme Facebook et Instagram, ont suscité l'indignation et mobilisé des millions de personnes à travers le monde pour exiger la justice raciale et une réforme de la police. Les hashtags comme #BlackLivesMatter et #JusticeForGeorgeFloyd sont devenus populaires à l'échelle mondiale, unissant des personnes d'horizons divers dans un appel commun au changement. Les médias sociaux ont non seulement aidé à organiser des manifestations, mais ont également fourni un espace d'éducation, de dialogue et de solidarité, faisant du mouvement une force mondiale en faveur de l'égalité raciale.

L'activisme en faveur du changement climatique a également été profondément façonné par les médias sociaux, avec des personnalités comme Greta Thunberg utilisant des plateformes comme Twitter et Instagram pour inspirer une nouvelle génération de défenseurs de l'environnement. La campagne #FridaysForFuture de Greta, qui a débuté par une manifestation individuelle devant le parlement suédois, est devenue un mouvement mondial grâce aux médias sociaux. Les jeunes du monde entier ont utilisé des hashtags, partagé des photos de leurs grèves pour le climat et se sont connectés les uns aux autres pour exiger une action urgente contre le changement climatique. Les médias sociaux ont permis à ces militants de contourner les gardiens des médias traditionnels, de diffuser leur message directement à des millions de personnes et de créer un sentiment de communauté mondiale.

Les avantages des médias sociaux pour favoriser les mouvements mondiaux sont indéniables. Il permet aux militants de contourner les barrières traditionnelles, de partager des mises à jour en temps réel et de créer un sentiment d'objectif commun. Par exemple, lors de manifestations ou de catastrophes naturelles, les réseaux sociaux peuvent fournir des informations cruciales sur les itinéraires sécurisés, les points de rendez-vous ou les ressources d'urgence. Cela amplifie également les voix qui autrement pourraient ne pas être entendues, offrant aux communautés marginalisées une plateforme pour partager leurs expériences et plaider en faveur du changement. En connectant des personnes d'horizons et de régions différents, les médias sociaux favorisent l'empathie, la compréhension et la solidarité, permettant ainsi de construire des coalitions qui transcendent les frontières.

Cependant, le pouvoir des médias sociaux comporte également des défis et des risques. L'un des défis les plus importants est la propagation de la désinformation. Si les réseaux sociaux peuvent constituer une puissante capacité de partage d'informations précises, ils peuvent également amplifier des contenus faux ou trompeurs. Lors de mouvements mondiaux, la désinformation peut semer la confusion, miner la confiance et même mettre la sécurité des personnes en danger. Par exemple, pendant la pandémie de

COVID-19, de fausses informations sur le virus et les vaccins se sont largement répandues sur les réseaux sociaux, compliquant les efforts visant à lutter contre la crise et à protéger la santé publique.

Le harcèlement en ligne est un autre risque majeur associé à l'activisme sur les réseaux sociaux. Les militants, en particulier ceux issus de communautés marginalisées, sont souvent confrontés à un harcèlement, des menaces et des abus ciblés en ligne. Cela peut créer un environnement hostile qui décourage la participation et fait taire les voix critiques pour le mouvement. Par exemple, les femmes et les militants LGBTQ+ déclarent fréquemment être victimes de harcèlement en ligne, ce qui peut avoir des conséquences émotionnelles et psychologiques importantes.

Les gouvernements et les entreprises ont également la possibilité de supprimer ou de manipuler l'activisme en ligne. Dans certains cas, les gouvernements ont fermé l'accès à Internet ou bloqué les plateformes de réseaux sociaux pour empêcher les militants de s'organiser ou de partager des informations. Par exemple, lors des manifestations au Myanmar en 2021, le gouvernement militaire a imposé des coupures d'Internet pour étouffer la dissidence. Les entreprises peuvent elles aussi influencer l'activisme en ligne en contrôlant les algorithmes qui déterminent quel contenu est vu et par qui. Cela soulève d'importantes questions sur le rôle des entreprises technologiques dans l'élaboration du discours public et sur la nécessité d'une plus grande transparence et responsabilité.

L'essor des chambres d'écho et de la polarisation

À l'ère du numérique, la façon dont nous consommons l'information a radicalement changé. Les plateformes de médias sociaux, les moteurs de recherche et autres capacités numériques ont rendu plus facile que jamais l'accès aux actualités, aux opinions et aux idées. Mais cette commodité a un coût caché : l'essor des chambres d'écho et de la polarisation. Les chambres d'écho sont des environnements dans lesquels les individus sont principalement exposés à des informations et à des opinions qui correspondent à leurs croyances existantes, tandis que les points de vue opposés sont filtrés ou ignorés. Ces chambres d'écho, souvent alimentées par les algorithmes et la psychologie humaine, ont contribué à accroître les divisions au sein de la société, rendant plus difficile pour les gens d'engager un dialogue significatif ou de trouver un terrain d'entente.

Au cœur des chambres d'écho se trouvent les algorithmes qui alimentent les plateformes numériques. Les plateformes de médias sociaux comme Facebook, Twitter et YouTube utilisent des algorithmes pour décider quel contenu montrer aux utilisateurs. Ces algorithmes sont conçus pour maximiser l'engagement : likes, partages, commentaires et temps passé sur la plateforme. Pour y parvenir, ils donnent la priorité au contenu qui correspond aux préférences et au comportement passé d'un utilisateur. Par exemple, si quelqu'un interagit fréquemment avec des publications sur un parti politique ou une idéologie particulière, l'algorithme lui montrera davantage de contenu prenant en charge cette perspective. Au fil du temps, cela crée une boucle de rétroaction dans laquelle les utilisateurs sont exposés à un éventail restreint d'idées, renforçant leurs croyances existantes et filtrant les points de vue opposés.

Ce processus n'est pas intrinsèquement malveillant ; c'est simplement la manière dont les algorithmes sont conçus pour maintenir l'engagement des utilisateurs. Cependant, la conséquence involontaire est la création de chambres d'écho, où les gens sont entourés de points de vue partageant les mêmes idées. Dans ces espaces, les individus sont moins susceptibles de rencontrer des points de vue divers ou de remettre en question leurs hypothèses. Au lieu de cela, on leur présente des informations qui confirment ce qu'ils croient déjà, rendant leurs opinions plus rigides et moins ouvertes au changement.

L'impact des chambres d'écho s'étend au-delà des utilisateurs individuels ; cela a des effets profonds sur la société dans son ensemble. L'une des conséquences les plus préoccupantes est la polarisation – l'approfondissement des divisions idéologiques entre des groupes aux croyances opposées. Dans les sociétés polarisées, les gens sont moins disposés à écouter ou à comprendre ceux qui ont des opinions différentes. Au lieu de cela, ils considèrent ceux de « l'autre côté » comme des adversaires, voire des ennemis. Cette dynamique a été observée dans divers contextes, comme la polarisation politique aux États-Unis. Par exemple, lors des récentes élections, les plateformes de médias sociaux sont devenues des champs de bataille pour les contenus partisans, les utilisateurs de gauche et de droite consommant des récits totalement différents sur les mêmes événements. Cette division rend de plus en plus difficile pour les gens de s'engager dans un débat civil ou de travailler ensemble pour relever des défis communs.

Les débats sur le Brexit au Royaume-Uni fournissent un autre exemple de la manière dont les chambres d'écho peuvent influencer l'opinion publique et la cohésion sociétale. À l'approche du référendum de 2016 sur la sortie du Royaume-Uni de l'Union européenne, les plateformes de médias sociaux ont été inondées de publicités ciblées, de mèmes et d'articles adaptés à des publics spécifiques. Les groupes pro-Brexit et anti-Brexit opéraient dans des chambres d'écho distinctes, chacun consommant du contenu qui renforçait leur position. Ce manque d'exposition à des points de vue opposés a contribué à un débat très polarisé et chargé d'émotion, laissant le pays profondément divisé même après le référendum.

Les chambres d'écho jouent également un rôle important dans la propagation des théories du complot. Lorsque des individus rejoignent des communautés en ligne qui partagent leurs convictions, ils sont plus susceptibles de rencontrer et d'accepter des informations erronées qui correspondent à leur vision du monde. Par exemple, les théories du complot sur les vaccins, le changement climatique ou la fraude électorale gagnent souvent du terrain dans les chambres d'écho où le scepticisme à l'égard de l'information dominante est déjà élevé. Ces théories peuvent se propager rapidement au sein de ces réseaux fermés, influencer l'opinion publique et saper la confiance dans les institutions.

L'attrait des chambres d'écho réside dans la psychologie humaine. Les gens sont naturellement attirés par les informations qui confirment leurs convictions, un phénomène connu sous le nom de biais de confirmation. S'engager avec des communautés partageant les mêmes idées procure un sentiment de validation et d'appartenance, permettant aux individus de se sentir plus confiants dans leurs opinions. Ce confort peut être particulièrement attrayant dans un monde qui semble souvent complexe et incertain. Cependant, l'inconvénient est que cela décourage la pensée critique et l'ouverture d'esprit, car les gens sont moins enclins à remettre en question leurs hypothèses ou à envisager des perspectives alternatives.

Les risques de polarisation alimentés par les chambres d'écho sont importants. L'une des principales préoccupations est l'érosion du discours civil – la capacité d'avoir des conversations respectueuses et constructives avec ceux qui ont des opinions différentes. Dans les sociétés polarisées, les discussions dégénèrent souvent en disputes ou en attaques personnelles, ce qui rend plus difficile la résolution collaborative de questions importantes. Cette rupture de communication peut conduire à une impasse politique, où les parties opposées sont incapables de faire des compromis ou de trouver des solutions aux problèmes urgents.

Un autre risque est la propagation de la désinformation. Dans les chambres d'écho, les informations fausses ou trompeuses peuvent ne pas être contestées, car les utilisateurs sont moins susceptibles d'être confrontés à des vérifications de faits ou à des points de vue alternatifs. Cela peut avoir de graves conséquences, allant de l'affaiblissement des efforts de santé publique à l'influence sur les élections. Par exemple, pendant la pandémie de COVID-19, la désinformation sur le virus et les vaccins s'est largement répandue sur les réseaux sociaux, alimentée par des chambres d'écho où le scepticisme à l'égard de la science et de l'autorité était déjà répandu. Cette désinformation a non seulement mis des vies en danger, mais a également approfondi les divisions entre ceux qui faisaient confiance aux conseils de santé publique et ceux qui ne le faisaient pas.

Enfin, la polarisation rend plus difficile la recherche d'un terrain d'entente sur des questions cruciales. Qu'il s'agisse du changement climatique, des inégalités économiques ou de la justice sociale, relever des défis complexes nécessite une collaboration et une compréhension mutuelle. Les chambres d'écho, en isolant les gens dans des silos idéologiques, rendent plus difficile l'instauration de la confiance et de l'empathie nécessaires pour travailler ensemble. Au lieu de cela, ils favorisent une mentalité de « nous contre eux » qui entrave le progrès et exacerbe les divisions.

Lutter contre la désinformation et les inégalités numériques

À l'ère du numérique, l'information est plus accessible que jamais, mais cette accessibilité comporte des défis importants. La désinformation et les inégalités numériques sont deux des problèmes les plus urgents auxquels la société est confrontée aujourd'hui. La désinformation se propage rapidement sur les plateformes de médias sociaux, les moteurs de recherche et autres réseaux numériques, déformant souvent les faits et influençant l'opinion publique de manière néfaste. Dans le même temps, les inégalités numériques – l'accès inégal à la technologie et à Internet – créent des obstacles pour des millions de personnes, limitant leur capacité à participer pleinement au monde moderne. Ces défis sont profondément interconnectés et les relever nécessite une action collective de la part des gouvernements, des entreprises technologiques et de la société civile.

La désinformation prospère dans le monde numérique en raison de la manière dont les informations sont partagées et consommées en ligne. Les plateformes de médias sociaux et les moteurs de recherche utilisent des algorithmes pour prioriser le contenu qui génère de l'engagement : j'aime, partages et commentaires. Malheureusement, les contenus sensationnels ou chargés d'émotion attirent souvent plus l'attention que les informations précises ou équilibrées. En conséquence, un contenu faux ou trompeur peut se propager rapidement et atteindre des millions de personnes avant d'être corrigé ou démystifié. Ce phénomène a été observé dans divers contextes, depuis les élections jusqu'aux crises de santé publique.

Par exemple, pendant la pandémie de COVID-19, la désinformation sur le virus, les vaccins et les traitements s'est largement répandue sur les réseaux sociaux. De fausses affirmations, comme l'idée selon laquelle les vaccins contenaient des puces électroniques ou que certains remèdes non éprouvés pourraient guérir le virus, ont semé la confusion et la méfiance. Cette désinformation a sapé les efforts de santé publique, rendant plus difficile le contrôle de la propagation du virus et la protection des populations vulnérables. De même, lors des élections, de fausses nouvelles et des théories du complot ont été utilisées pour manipuler les électeurs, semer la division et saper la confiance dans les institutions démocratiques. Ces exemples mettent en évidence les conséquences concrètes de la désinformation, qui peuvent nuire aux individus, aux communautés et à la société dans son ensemble.

Si la désinformation touche tout le monde, son impact est souvent amplifié par les inégalités numériques. L'inégalité numérique fait référence à l'écart entre ceux qui ont accès à la technologie et à Internet et ceux qui n'y ont pas accès. Cet écart est façonné par des facteurs tels que le revenu, l'éducation, la géographie et les infrastructures. Par exemple, les habitants des zones rurales ou des pays en développement peuvent ne pas avoir un accès Internet fiable, tandis que les familles à faible revenu peuvent avoir du mal à se procurer des appareils tels que des smartphones ou des ordinateurs portables. L'inégalité numérique touche également les communautés marginalisées, qui peuvent être confrontées à des obstacles supplémentaires pour accéder à la technologie en raison d'une discrimination systémique ou du manque de ressources.

Les conséquences des inégalités numériques sont considérables. Sans accès à la technologie et à Internet, les individus sont exclus des opportunités d'éducation, d'emploi et de participation civique. Par exemple, les étudiants des zones mal desservies peuvent avoir du mal à accéder aux ressources d'apprentissage en ligne, ce qui les désavantage par rapport à leurs pairs. De même, les petites entreprises sans accès à Internet risquent de rater des opportunités d'atteindre des clients ou d'être compétitives sur le marché mondial. L'inégalité numérique limite également l'accès à des informations fiables, ce qui rend plus difficile l'identification et la lutte contre la désinformation. Cela crée un cercle vicieux dans lequel ceux qui sont les plus vulnérables à la désinformation sont également les moins équipés pour la combattre.

Lutter contre la désinformation et les inégalités numériques nécessite une approche à multiples facettes. L'un des moyens les plus efficaces de lutter contre la désinformation consiste à promouvoir la culture numérique. La culture numérique consiste à apprendre aux gens à évaluer de manière critique les informations, à reconnaître les sources crédibles et à identifier les contenus faux ou trompeurs. Les écoles, les organisations communautaires et les gouvernements peuvent jouer un rôle clé en dispensant une éducation à la culture numérique, en dotant les individus des compétences dont ils ont besoin pour naviguer de manière responsable dans le monde numérique.

Les initiatives de vérification des faits constituent une autre stratégie importante pour lutter contre la désinformation. Des organisations comme Snopes, FactCheck.org et PolitiFact s'efforcent de vérifier l'exactitude des affirmations et de fournir des informations fiables au public. Les plateformes de médias sociaux peuvent également jouer un rôle en s'associant à des vérificateurs de faits pour signaler ou supprimer les faux contenus. Par exemple, pendant la pandémie de COVID-19, des plateformes comme Facebook et Twitter ont mis en œuvre des mesures pour étiqueter ou supprimer les publications contenant des informations erronées sur le virus. Même si ces efforts ne sont pas parfaits, ils représentent une étape importante vers la réduction de la propagation de fausses informations.

Il est également crucial de tenir les entreprises technologiques responsables du contenu qu'elles amplifient. Les plateformes doivent assumer la responsabilité du rôle que jouent leurs algorithmes dans la diffusion de fausses informations et donner la priorité à l'exactitude plutôt qu'à l'engagement. Cela pourrait impliquer d'ajuster les algorithmes pour promouvoir des sources crédibles, d'accroître la transparence sur la manière dont le contenu est hiérarchisé et de fournir aux utilisateurs la possibilité de signaler ou de contester de fausses informations. Les gouvernements et les régulateurs peuvent soutenir ces efforts en établissant des lignes directrices et des normes claires pour la modération du contenu, garantissant ainsi que les plateformes agissent dans l'intérêt public.

La lutte contre les inégalités numériques nécessite un ensemble différent de solutions, axées sur l'élargissement de l'accès à la technologie et à Internet. L'une des étapes les plus importantes consiste à investir dans les infrastructures pour fournir un accès Internet fiable aux zones mal desservies, telles que les communautés rurales et les pays en développement. Les gouvernements et les entreprises privées peuvent travailler ensemble pour construire des réseaux à large bande, proposer des forfaits Internet abordables et garantir que personne ne soit laissé pour compte à l'ère numérique.

Fournir des appareils abordables est une autre stratégie clé. Les programmes qui distribuent des ordinateurs portables, des tablettes ou des smartphones à faible coût aux familles à faible revenu peuvent contribuer à réduire la fracture numérique et garantir que chacun dispose des capacités dont il a besoin pour participer au monde numérique. Par exemple, des initiatives telles que le programme One Laptop Per Child ont permis à des millions d'enfants dans les pays en développement d'accéder à la technologie, ouvrant ainsi de nouvelles opportunités d'éducation et d'apprentissage.

Investir dans des programmes d'éducation numérique est tout aussi important. Ces programmes peuvent enseigner aux individus comment utiliser efficacement la technologie, depuis des compétences de base comme la navigation sur Internet jusqu'à des capacités plus avancées comme le codage ou l'analyse de données. En dotant les personnes de compétences numériques, ces programmes peuvent contribuer à réduire l'écart entre ceux qui ont accès à la technologie et ceux qui n'y ont pas accès, créant ainsi une société plus inclusive et plus équitable.

La collaboration est essentielle pour relever ces défis interconnectés. Les gouvernements, les entreprises technologiques et la société civile doivent travailler ensemble pour développer et mettre en œuvre des solutions qui luttent à la fois contre la désinformation et les inégalités numériques. Par exemple, les gouvernements peuvent fournir un financement et un soutien politique aux initiatives d'inclusion numérique, tandis que les entreprises technologiques peuvent investir dans des capacités et des fonctionnalités qui promeuvent des informations précises et réduisent la propagation de faux contenus. Les organisations de la société civile peuvent jouer un rôle essentiel en plaidant en faveur du changement, en sensibilisant et en fournissant une éducation et des ressources aux communautés dans le besoin.

Équilibrer les interactions numériques et réelles

Dans le monde d'aujourd'hui, les technologies numériques font désormais partie intégrante de la façon dont nous nous connectons, communiquons et établissons des relations. Les plateformes de réseaux sociaux, les applications de messagerie et les capacités de réunion virtuelle ont transformé notre façon d'interagir, rendant plus facile que jamais de rester en contact avec nos amis, notre famille et nos collègues, où qu'ils se trouvent. Ces technologies ont apporté des avantages incroyables, nous permettant d'entretenir des relations à distance, de collaborer avec des personnes du monde entier et de partager instantanément des moments de notre vie. Cependant, à mesure que nous dépendons de plus en plus de la communication numérique, il devient de plus en plus important de trouver un équilibre entre nos interactions en ligne et nos relations dans le monde réel.

La communication numérique a révolutionné la façon dont nous nous connectons avec les autres. Des plateformes comme WhatsApp, Facebook, Instagram et Zoom nous permettent de communiquer instantanément, en éliminant les barrières de temps et de distance. Par exemple, une famille séparée par des milliers de kilomètres peut rester connectée via des appels vidéo et partager sa vie en temps réel. Les amis peuvent entretenir des liens étroits grâce à des discussions de groupe, même s'ils vivent dans des villes ou des pays différents. Les réseaux sociaux nous permettent de partager des mises à jour, des photos et des expériences avec un large public, nous aidant ainsi à nous sentir connectés aux autres même lorsque nous sommes séparés. Ces capacités se sont révélées particulièrement précieuses en période de crise, comme la pandémie de COVID-19, lorsque la distance physique rendait les interactions en personne difficiles, voire impossibles.

La commodité et l'accessibilité de la communication numérique ont également ouvert de nouvelles opportunités de connectivité mondiale. Les gens peuvent désormais nouer des relations et collaborer avec d'autres personnes à travers les cultures et les continents, créant ainsi un monde plus interconnecté. Par exemple, les réunions virtuelles et les communautés en ligne permettent aux professionnels de travailler ensemble sur des projets sans avoir besoin d'être au même endroit physique. Les médias sociaux ont également donné naissance à des communautés en ligne où des personnes partageant des intérêts ou des expériences communes peuvent se connecter, se soutenir mutuellement et nouer des relations significatives.

Malgré ces avantages, une dépendance excessive aux interactions numériques peut poser des défis importants. L'un des problèmes les plus préoccupants est le potentiel d'isolement social. Si la communication numérique peut nous aider à rester connectés, elle peut également créer un faux sentiment de proximité. Par exemple, aimer la publication d'un ami sur Instagram ou envoyer un message texte rapide peut sembler être une interaction significative, mais il manque souvent la profondeur et le lien émotionnel des conversations en face à face. Au fil du temps, cela peut conduire à des sentiments de solitude et de déconnexion, à mesure que les interactions numériques remplacent les connexions en personne plus significatives.

Un autre défi concerne l'impact de la communication numérique sur les compétences sociales en face à face. À mesure que les gens passent plus de temps à communiquer via des écrans, ils peuvent devenir moins à l'aise avec les interactions en personne. Par exemple, les jeunes générations qui ont grandi avec les smartphones et les médias sociaux peuvent avoir des difficultés à maîtriser le langage corporel, à maintenir un contact visuel ou à s'engager dans des conversations profondes et significatives. Ce déclin des compétences en communication en face à face peut rendre plus difficile l'établissement de relations solides et authentiques dans le monde réel.

La montée des préoccupations liées au « temps passé devant un écran » met également en évidence les effets négatifs potentiels d'une utilisation excessive du numérique sur la santé mentale. Les médias sociaux, en particulier, ont été associés à des problèmes tels que la faible estime de soi, l'anxiété et la dépression. Les plateformes comme Instagram et TikTok présentent souvent une version idéalisée de la réalité, où les gens ne partagent que les moments forts de leur vie. Cela peut créer des attentes irréalistes et conduire à un sentiment d'inadéquation ou de comparaison. Par exemple, quelqu'un qui regarde des photos d'amis en vacances ou qui atteint des objectifs importants peut avoir l'impression que sa propre vie est moins excitante ou moins réussie, même si ce n'est pas vrai.

Un temps d'écran excessif peut également interférer avec les relations et les expériences du monde réel. Par exemple, il est courant de voir des personnes lors de réunions sociales collées à leur téléphone, vérifiant leurs notifications ou parcourant les réseaux sociaux au lieu d'interagir avec les gens qui les entourent. Ce manque de présence peut affaiblir les relations et empêcher les gens de profiter pleinement du moment présent. Au fil du temps, cela peut créer un sentiment de déconnexion, même dans les situations où les gens sont physiquement ensemble.

Pour relever ces défis, il est essentiel de trouver un équilibre sain entre les interactions numériques et réelles. Une stratégie efficace consiste à fixer des limites au temps passé devant un écran. Par exemple, les individus peuvent établir des zones ou des horaires « sans technologie », comme pendant les repas, les réunions de famille ou avant de se coucher. Cela crée des opportunités de se concentrer sur les connexions et les activités du monde réel sans être distrait par les appareils numériques. De nombreux smartphones incluent désormais des fonctionnalités qui suivent le temps passé devant un écran et permettent aux utilisateurs de définir des limites d'utilisation des applications, facilitant ainsi la gestion des habitudes numériques.

Donner la priorité aux connexions en personne est une autre étape importante. Même si la communication numérique est pratique, elle ne doit pas remplacer les interactions en face à face. Prendre du temps pour des activités comme rencontrer des amis pour prendre un café, assister à des événements sociaux ou passer du temps de qualité en famille peut aider à renforcer les relations et à créer des liens plus profonds. Par exemple, au lieu d'envoyer un SMS à un ami pour le rattraper, envisagez de l'inviter à vous rencontrer en personne. Ces interactions du monde réel offrent des opportunités de conversations significatives, d'expériences partagées et de liens émotionnels qui ne peuvent pas être entièrement reproduits en ligne.

Utiliser la technologie de manière réfléchie est également essentiel pour atteindre l'équilibre. Cela signifie être intentionnel quant à la manière et aux raisons pour lesquelles nous utilisons les capacités numériques, plutôt que de les laisser dicter notre comportement. Par exemple, au lieu de naviguer sans réfléchir sur les réseaux sociaux, les individus peuvent utiliser ces plateformes pour améliorer leurs relations dans le monde réel, par exemple en organisant des événements, en partageant des mises à jour importantes ou en restant en contact avec des proches éloignés. Une utilisation consciente de la technologie implique également d'être conscient de son impact sur notre santé mentale et de prendre des mesures pour remédier à tout effet négatif, comme limiter l'exposition à des contenus qui déclenchent des comparaisons ou de l'anxiété.

En fin de compte, équilibrer les interactions numériques et réelles consiste à favoriser des relations significatives et à maintenir un sentiment de présence dans le monde physique. Même si la communication numérique présente des avantages, elle devrait compléter, et non remplacer, les connexions du monde réel. En fixant des limites, en donnant la priorité aux interactions en personne et en utilisant la technologie de manière réfléchie, nous pouvons profiter des avantages des capacités numériques tout en préservant la richesse et la profondeur de nos relations réelles.

Chapitre 12

Technologies émergentes et avenir de la communication

L'intelligence artificielle (IA) est devenue une force transformatrice dans la manière dont les idées sont partagées, communiquées et amplifiées. En automatisant les tâches, en personnalisant la communication et en éliminant les barrières, l'IA a ouvert de nouvelles opportunités aux individus et aux organisations pour s'exprimer et se connecter avec les autres. Dans le même temps, la croissance rapide de l'IA a introduit des défis et des préoccupations éthiques qui doivent être résolus pour garantir qu'elle soit utilisée de manière responsable. L'équilibre entre ces opportunités et ces défis définit le rôle de l'IA dans l'élaboration de l'avenir de la manière dont nous partageons des idées.

L'une des opportunités les plus intéressantes offertes par l'IA est sa capacité à automatiser la création de contenu. Des capacités telles que ChatGPT, DALL·E et d'autres systèmes basés sur l'IA peuvent générer du texte, des images et même des vidéos, permettant ainsi aux gens de donner vie plus facilement à leurs idées. Par exemple, un écrivain peut utiliser l'IA pour rédiger un article, affiner son langage ou réfléchir à des concepts créatifs. De même, les entreprises peuvent utiliser l'IA pour créer des supports marketing, des publications sur les réseaux sociaux ou des réponses de support client, économisant ainsi du temps et des ressources. Cette automatisation permet aux individus et aux organisations de se concentrer sur les aspects créatifs et stratégiques de leur travail, tandis que l'IA gère les tâches répétitives ou chronophages.

L'IA améliore également la personnalisation de la communication, en adaptant les messages aux préférences et besoins individuels. Les systèmes de recommandation, comme ceux utilisés par Netflix, Spotify et YouTube, analysent le comportement des utilisateurs pour suggérer un contenu qui correspond à leurs intérêts. Cette personnalisation aide les gens à découvrir de nouvelles idées, histoires et perspectives qui les intéressent. Dans le domaine de l'éducation, les plateformes basées sur l'IA comme Duolingo et Khan Academy adaptent les cours au rythme d'apprentissage de chaque élève, permettant ainsi aux apprenants de comprendre plus facilement des concepts complexes et de rester engagés. En proposant un contenu pertinent et significatif, l'IA favorise des liens plus profonds entre les personnes et les idées qu'elles rencontrent.

Une autre capacité remarquable de l'IA est son rôle dans la suppression des barrières linguistiques. Les capacités de traduction en temps réel, telles que Google Translate et les services de transcription basés sur l'IA, permettent à des personnes issues de différents horizons linguistiques de communiquer et de collaborer de manière transparente. Par exemple, une entreprise au Japon peut utiliser l'IA pour traduire ses supports marketing dans plusieurs langues, atteignant ainsi un public mondial. De même, les équipes internationales peuvent utiliser l'IA pour faciliter les réunions et les discussions, en garantissant que les différences linguistiques n'entravent pas le partage d'idées. Cette capacité à connecter des personnes de différentes cultures et langues a démocratisé l'accès à l'information, permettant aux idées de voyager plus loin et plus rapidement que jamais.

La capacité de l'IA à analyser de grandes quantités de données a également révolutionné la manière dont les idées sont partagées et comprises. Dans le journalisme, par exemple, l'IA peut passer au crible de vastes ensembles de données pour découvrir des tendances, des modèles et des informations qui seraient difficiles à identifier pour les humains. Cela a conduit à des reportages davantage axés sur les données, aidant les journalistes à raconter des histoires à la fois précises et percutantes. Dans les industries créatives, les capacités d'IA comme Adobe Sensei aident les concepteurs et les artistes en suggérant des modifications, en générant des idées et en rationalisant les flux de travail. Ces capacités permettent aux individus et aux organisations de partager leurs idées plus efficacement, d'atteindre un public plus large et d'avoir un plus grand impact.

Cependant, parallèlement à ces opportunités, l'IA présente également des défis importants en matière de partage d'idées. L'une des préoccupations les plus pressantes est la propagation de la désinformation. L'IA peut générer du contenu qui semble hautement crédible, ce qui facilite la propagation de fausses informations. Par exemple, la technologie deepfake peut créer des vidéos réalistes de personnes disant ou faisant des choses qu'elles n'ont jamais faites, qui peuvent être utilisées pour manipuler l'opinion publique ou nuire à la réputation. De la même manière, les fausses nouvelles générées par l'IA peuvent être largement partagées sur les réseaux sociaux, induisant les lecteurs en erreur et déformant la vérité. Ces risques soulignent la nécessité de faire preuve de vigilance et de réflexion critique lors de la consommation de contenu généré par l'IA.

Un autre défi concerne les implications éthiques de l'IA dans la communication. Les biais dans les algorithmes sont une préoccupation majeure, car les systèmes d'IA reflètent souvent les biais présents dans les données sur lesquelles ils sont formés. Par exemple, une capacité de recrutement basée sur l'IA pourrait favoriser certains candidats par rapport à d'autres sur la base de données de formation biaisées, perpétuant ainsi les inégalités. Dans le contexte du partage d'idées, des algorithmes biaisés peuvent amplifier certaines voix tout en faisant taire d'autres, créant ainsi des règles du jeu inégales. Cela soulève d'importantes questions sur l'équité, la représentation et la responsabilité dans l'utilisation de l'IA.

La perte de l'authenticité humaine dans la communication est un autre problème à considérer. Bien que l'IA puisse générer un contenu soigné et professionnel, elle peut manquer de la profondeur émotionnelle et de la touche personnelle qui viennent de l'expression humaine. Par exemple, un poème ou une histoire générés par l'IA peut être techniquement impressionnant mais ne pas parvenir à capturer la perspective et la créativité uniques d'un auteur humain. Cela soulève des inquiétudes quant au rôle de l'IA dans les domaines créatifs et à la valeur que nous accordons à l'originalité humaine.

Une dépendance excessive à l'égard des systèmes d'IA constitue également un risque potentiel. À mesure que l'IA s'intègre de plus en plus dans nos vies, les gens risquent de devenir trop dépendants de ces capacités, perdant ainsi leurs compétences essentielles et leur jugement. Par exemple, si les étudiants comptent uniquement sur l'IA pour accomplir leurs devoirs, ils risquent de manquer l'occasion de développer leurs propres capacités rédactionnelles et analytiques. De même, si les entreprises s'appuient trop sur l'IA pour prendre des décisions, elles risquent de négliger des facteurs humains importants, tels que l'empathie et l'intuition.

Pour relever ces défis, il est essentiel d'établir des lignes directrices en matière de transparence, de responsabilité et d'éthique pour l'utilisation de l'IA dans le partage d'idées. La transparence implique d'indiquer clairement quand le contenu est généré par l'IA et de fournir des informations sur le fonctionnement des algorithmes. Par exemple, les plateformes de médias sociaux pourraient étiqueter les publications générées par l'IA ou expliquer comment leurs systèmes de recommandation hiérarchisent le contenu. La responsabilité signifie tenir les développeurs, les entreprises et les utilisateurs responsables de l'impact des systèmes d'IA, en garantissant qu'ils sont utilisés d'une manière conforme aux normes éthiques. Cela pourrait impliquer la mise en œuvre de réglementations, la réalisation d'audits et la promotion des meilleures pratiques en matière de développement et de déploiement de l'IA.

La promotion de la culture numérique est une autre stratégie importante. En apprenant aux gens à évaluer de manière critique le contenu généré par l'IA, à reconnaître la désinformation et à comprendre les limites de l'IA, nous pouvons permettre aux individus de naviguer de manière responsable dans le paysage numérique. La collaboration entre les gouvernements, les entreprises technologiques et la société civile est également cruciale pour relever ces défis. En travaillant ensemble, les parties prenantes peuvent élaborer des politiques et des initiatives qui maximisent les avantages de l'IA tout en minimisant ses risques.

Réalité virtuelle et augmentée

La réalité virtuelle (VR) et la réalité augmentée (AR) révolutionnent notre façon de communiquer, offrant des expériences immersives et interactives qui relevaient autrefois de la science-fiction. Ces technologies transforment la façon dont les gens se connectent, partagent des idées et collaborent, éliminant les barrières physiques et créant de toutes nouvelles façons d'interagir avec le monde et entre eux. En mélangeant les domaines numérique et physique, la réalité virtuelle et la réalité augmentée remodèlent la communication dans les domaines de l'éducation, de la santé, des affaires, du divertissement et au-delà, permettant ainsi d'expérimenter et de partager des idées d'une manière plus réelle et plus engageante que jamais.

Pour comprendre l'impact de la réalité virtuelle et de la réalité augmentée, il est important de comprendre d'abord ce que sont ces technologies et comment elles fonctionnent. La réalité virtuelle crée des environnements numériques totalement immersifs que les utilisateurs peuvent explorer et avec lesquels interagir, souvent à l'aide de casques VR comme l'Oculus Quest ou le HTC Vive. Lorsque vous mettez un casque VR, vous êtes transporté dans un monde complètement différent, qu'il s'agisse d'une salle de réunion virtuelle, d'une reconstitution 3D de la Rome antique ou d'un paysage fantastique. Tout ce que vous voyez et entendez est généré par le système VR, ce qui donne l'impression que vous êtes vraiment présent dans cet environnement.

La réalité augmentée, quant à elle, superpose des éléments numériques au monde réel, mélangeant le physique et le virtuel. Contrairement à la réalité virtuelle, la réalité augmentée ne remplace pas votre environnement mais l'améliore avec des informations ou des visuels supplémentaires. Par exemple, les applications AR comme Pokémon GO permettent aux utilisateurs de voir des créatures numériques superposées à leur environnement réel grâce aux caméras de leurs smartphones. De même, les lunettes AR comme HoloLens de Microsoft peuvent projeter des modèles 3D, des instructions ou des animations sur le champ de vision de l'utilisateur, créant ainsi un mélange homogène de réel et de numérique.

Ces technologies ne sont pas seulement destinées au divertissement : elles transforment profondément la communication. Dans l'éducation, par exemple, la réalité virtuelle et la réalité augmentée créent des expériences d'apprentissage immersives qui vont bien au-delà des salles de classe traditionnelles. Imaginez un cours d'histoire où les étudiants peuvent entrer dans une simulation VR du Colisée de la Rome antique, se promener dans ses couloirs et assister à un combat de gladiateurs comme s'ils y étaient. Ou envisagez une application AR qui permet aux étudiants en biologie d'explorer un modèle 3D du corps humain, en zoomant sur les organes et les systèmes pour comprendre leur fonctionnement. Ces technologies rendent l'apprentissage plus engageant et interactif, aidant les étudiants à appréhender des concepts complexes grâce à des expériences pratiques.

Dans le domaine de la santé, la réalité virtuelle et la réalité augmentée améliorent la communication entre les médecins, les patients et les équipes médicales. Les chirurgiens peuvent utiliser les capacités de RA pour superposer des informations critiques, telles que les vaisseaux sanguins ou l'emplacement des tumeurs, sur le corps d'un patient pendant une opération, améliorant ainsi la précision et les résultats. La réalité virtuelle est également utilisée pour la formation médicale, permettant aux étudiants de pratiquer des procédures dans des environnements virtuels réalistes sans les risques associés à de vrais patients. Par exemple, un chirurgien stagiaire peut effectuer une opération virtuelle à l'aide d'un système VR, acquérant ainsi une expérience et des commentaires précieux avant de travailler dans une salle d'opération réelle. Ces technologies améliorent non seulement les compétences, mais favorisent également une meilleure communication et collaboration entre les professionnels de la santé.

Dans le monde des affaires, la réalité virtuelle et la réalité augmentée ouvrent la voie à de nouvelles façons de travailler et de collaborer. Les plateformes de réalité virtuelle telles que Spatial et Horizon Workrooms permettent aux équipes de tenir des réunions dans des espaces virtuels 3D, où les participants peuvent interagir en tant qu'avatars, partager des présentations et réfléchir à des idées comme s'ils étaient dans la même pièce. Ceci est particulièrement utile pour les équipes distantes, car cela crée un sentiment de présence et de connexion que les appels vidéo ne peuvent pas reproduire. La réalité augmentée est également utilisée dans des secteurs tels que l'industrie manufacturière et la vente au détail, où les travailleurs peuvent utiliser des lunettes AR pour accéder à des instructions en temps réel, dépanner des équipements ou visualiser des conceptions de produits. Ces capacités rationalisent la communication et facilitent la gestion des tâches complexes.

Le divertissement est un autre domaine dans lequel la réalité virtuelle et la réalité augmentée transforment la façon dont les gens se connectent et partagent leurs expériences. Les jeux de réalité virtuelle sont devenus de plus en plus populaires, permettant aux joueurs d'entrer dans des mondes immersifs et d'interagir avec les autres en temps réel. La RA améliore les événements en direct, tels que les concerts et les sports, en ajoutant des superpositions numériques qui fournissent un contexte supplémentaire ou des éléments interactifs. Par exemple, les fans assistant à un match de football peuvent utiliser une application AR pour voir les statistiques des joueurs ou les rediffusions projetées sur leurs écrans, enrichissant ainsi leur expérience et approfondissant leur engagement.

Si les opportunités offertes par la réalité virtuelle et la réalité augmentée sont passionnantes, ces technologies comportent également des défis et des limites. L'un des principaux obstacles est le coût. Les casques VR et les appareils AR de haute qualité peuvent être coûteux, ce qui les rend inaccessibles à de nombreuses personnes. Cela limite l'adoption généralisée de ces technologies, en particulier dans les pays en développement ou les communautés mal desservies. De plus, l'infrastructure nécessaire à la prise en charge de la RV et de la RA, comme l'Internet haut débit et les systèmes informatiques puissants, n'est pas encore universellement disponible, ce qui contribue encore davantage aux inégalités numériques.

L'accessibilité est une autre préoccupation. Tout le monde ne trouve pas les expériences VR et AR confortables ou faciles à utiliser. Par exemple, certaines personnes souffrent du mal des transports ou d'une fatigue oculaire lorsqu'elles utilisent des casques VR, tandis que d'autres peuvent avoir des difficultés avec les compétences techniques requises pour faire fonctionner ces appareils. Veiller à ce que ces technologies soient inclusives et conviviales est essentiel pour leur succès à long terme.

La confidentialité et la sécurité des données sont également des questions cruciales. Les systèmes VR et AR collectent de grandes quantités de données sur les utilisateurs, notamment leurs mouvements, leurs préférences et même leur environnement physique. Cela soulève des inquiétudes quant à la manière dont ces données sont stockées, utilisées et protégées. Par exemple, une application de réalité augmentée qui cartographie l'environnement d'un utilisateur pourrait capturer par inadvertance des informations sensibles, telles que l'agencement de sa maison. Il est essentiel de veiller à ce que ces technologies soient conçues avec de solides protections de la vie privée pour instaurer la confiance et prévenir les abus.

Enfin, les effets psychologiques du séjour prolongé dans des environnements virtuels suscitent des inquiétudes. Si la réalité virtuelle et la réalité augmentée peuvent créer des expériences incroyables, elles peuvent également brouiller la frontière entre la réalité et le monde numérique. Une dépendance excessive à l'égard de ces technologies pourrait conduire à l'isolement social ou à une moindre appréciation des interactions du monde réel. Trouver un équilibre entre les expériences numériques immersives et les connexions significatives avec le monde réel est essentiel pour garantir que ces technologies améliorent, plutôt que remplacent, les relations humaines.

Blockchain et réseaux décentralisés

Dans un monde où la confiance est souvent fragile et où les violations de données sont de plus en plus fréquentes, la technologie blockchain et les réseaux décentralisés transforment la façon dont nous partageons, stockons et sécurisons les informations. En créant des systèmes transparents, inviolables et indépendants des autorités centralisées, ces technologies ouvrent la voie à une nouvelle ère de confiance et de sécurité. La blockchain, fondement des réseaux décentralisés, n'est pas seulement un mot à la mode : c'est un moyen révolutionnaire de garantir que les informations sont exactes, fiables et accessibles à toutes les parties impliquées.

À la base, la blockchain est un type de technologie de registre distribué. Imaginez un grand livre numérique, comme un cahier, qui enregistre les transactions ou les saisies de données. Mais au lieu d'être stocké au même endroit, ce registre est distribué sur plusieurs ordinateurs, appelés nœuds, à travers le monde. Chaque fois qu'une nouvelle transaction est effectuée, elle est ajoutée au grand livre sous forme de « bloc » de données. Ces blocs sont reliés entre eux par ordre chronologique, formant une « chaîne », d'où le nom de blockchain. Ce qui rend ce système unique, c'est qu'une fois qu'un bloc est ajouté à la chaîne, il ne peut plus être modifié ou supprimé. Cette immuabilité garantit que les données sont sécurisées et dignes de confiance.

Pour comprendre le fonctionnement de la blockchain, prenons l'exemple des transactions en cryptomonnaies, comme le Bitcoin. Lorsqu'une personne envoie du Bitcoin à une autre personne, la transaction est diffusée sur l'ensemble du réseau de nœuds. Ces nœuds travaillent ensemble pour vérifier que la transaction est valide, par exemple en vérifiant que l'expéditeur dispose de suffisamment de Bitcoin sur son compte. Une fois la transaction vérifiée, elle est ajoutée à un bloc, qui est ensuite ajouté à la blockchain. Ce processus garantit que chaque transaction est transparente, sécurisée et enregistrée en permanence.

Les contrats intelligents sont une autre application puissante de la blockchain. Un contrat intelligent est un programme auto-exécutable qui s'exécute sur la blockchain. Il applique automatiquement les termes d'un accord lorsque certaines conditions sont remplies. Par exemple, imaginez qu'un agriculteur et un acheteur conviennent d'un accord selon lequel l'acheteur paiera l'agriculteur une fois la livraison de produits livrée. Un contrat intelligent peut être programmé pour effectuer le paiement automatiquement lorsque l'expédition est confirmée, éliminant ainsi le besoin d'intermédiaires tels que des banques ou des avocats. Cela permet non seulement d'économiser du temps et de l'argent, mais garantit également que l'accord est exécuté de manière équitable et transparente.

Les avantages de la blockchain et des réseaux décentralisés sont considérables. L'un des avantages les plus importants est la sécurité renforcée. La blockchain étant répartie sur de nombreux nœuds, il est extrêmement difficile pour les pirates informatiques de modifier ou de manipuler les données. Pour réussir à falsifier une blockchain, un pirate informatique devrait prendre le contrôle de plus de la moitié des nœuds du réseau, une tâche presque impossible pour de grandes blockchains bien établies comme Bitcoin ou Ethereum. Cela fait de la blockchain une solution idéale pour stocker des informations sensibles, telles que des dossiers financiers, des données médicales ou des identités numériques.

La transparence est un autre avantage clé de la blockchain. Chaque transaction ou saisie de données sur la blockchain est visible par tous les participants du réseau. Cette ouverture favorise la confiance, car chacun peut vérifier l'exactitude des informations. Par exemple, dans la gestion de la chaîne d'approvisionnement, la blockchain peut être utilisée pour suivre le parcours des marchandises du fabricant au consommateur. Une entreprise peut enregistrer chaque étape du processus sur la blockchain, garantissant ainsi que les produits sont authentiques et proviennent de sources éthiques. Les consommateurs peuvent ensuite accéder à ces informations pour vérifier l'origine et la qualité des produits qu'ils achètent.

La blockchain élimine également le besoin d'intermédiaires, rationalisant les processus et réduisant les coûts. Dans les systèmes traditionnels, des intermédiaires comme les banques, les notaires ou les courtiers sont souvent requis pour vérifier les transactions ou faire respecter les accords. La blockchain supprime ce besoin en fournissant un système décentralisé où la confiance est intégrée à la technologie elle-même. Cela a conduit à l'essor de la finance décentralisée (DeFi), dans laquelle les gens peuvent prêter, emprunter ou échanger des actifs directement entre eux sans recourir aux banques ou à d'autres institutions financières. Les plateformes DeFi utilisent la blockchain pour créer un écosystème financier transparent et sécurisé accessible à toute personne disposant d'une connexion Internet.

L'identité numérique est un autre domaine dans lequel la blockchain a un impact significatif. Les systèmes d'identité traditionnels, tels que les passeports ou les permis de conduire, sont souvent vulnérables à la fraude ou au vol. La blockchain offre une solution en créant des identités numériques sécurisées et inviolables que les individus peuvent contrôler. Par exemple, les informations d'identité d'une personne peuvent être stockées sur la blockchain, ce qui lui permet de prouver son identité sans partager de données personnelles inutiles. Cela a des applications dans des domaines tels que le vote, où la blockchain peut garantir que les élections sont sécurisées et exemptes de falsification.

Malgré ses nombreux avantages, la blockchain n'est pas sans défis. L'un des plus gros problèmes est l'évolutivité. À mesure que davantage de transactions sont ajoutées à la blockchain, la taille du grand livre augmente, ce qui nécessite davantage de puissance de stockage et de traitement. Cela peut ralentir le réseau et le rendre moins efficace, en particulier pour les applications à grande échelle. Les développeurs travaillent sur des solutions, telles que le sharding ou les protocoles de couche 2, pour résoudre ces problèmes d'évolutivité, mais ceux-ci restent un obstacle important.

Une autre préoccupation est la consommation élevée d'énergie de certains systèmes blockchain, en particulier ceux qui utilisent la preuve de travail (PoW) comme mécanisme de consensus. PoW nécessite que les nœuds résolvent des problèmes mathématiques complexes pour valider les transactions, un processus qui consomme une grande quantité d'électricité. Par exemple, le réseau Bitcoin a été critiqué pour son impact environnemental, car sa consommation d'énergie rivalise avec celle de pays entiers. Des mécanismes de consensus alternatifs, tels que la preuve de participation (PoS), sont en cours de développement pour réduire la consommation d'énergie, mais leur adoption généralisée est encore en cours.

L'intégration de la blockchain dans les systèmes existants peut également s'avérer complexe et coûteuse. De nombreuses organisations manquent de l'expertise technique ou des ressources nécessaires pour mettre en œuvre des solutions blockchain, ce qui crée des obstacles à leur adoption. De plus, le paysage réglementaire de la blockchain et des crypto-monnaies continue d'évoluer, les gouvernements du monde entier se demandant comment réglementer ces technologies. Des réglementations claires et cohérentes sont nécessaires pour assurer la sécurité juridique et encourager l'innovation tout en répondant aux préoccupations concernant les abus, tels que le blanchiment d'argent ou la fraude.

Considérations éthiques dans le développement des technologies futures

Alors que la technologie continue d'évoluer à un rythme sans précédent, elle remodèle notre façon de vivre, de travailler et d'interagir avec le monde. De l'intelligence artificielle (IA) à l'édition génétique en passant par les véhicules autonomes et les systèmes de surveillance avancés, les technologies émergentes recèlent un immense potentiel pour améliorer la vie et résoudre les défis mondiaux. Cependant, ce potentiel s'accompagne d'une grande responsabilité. Les décisions prises lors du développement et du déploiement de ces technologies peuvent avoir des conséquences considérables sur les individus, les sociétés et l'environnement. C'est pourquoi les considérations éthiques doivent être au premier plan du développement technologique, garantissant que l'innovation s'aligne sur les valeurs sociétales et promeut le bien commun.

L'éthique dans le développement technologique ne se limite pas à éviter les dommages : elle consiste à concevoir activement des systèmes équitables, transparents et responsables. Chaque nouvelle technologie comporte un ensemble de défis éthiques qui doivent être soigneusement relevés pour éviter des conséquences imprévues et garantir que les avantages sont partagés équitablement. Par exemple, les systèmes d'IA, qui sont de plus en plus utilisés dans des domaines tels que le recrutement, le maintien de l'ordre et les soins de santé, ont le potentiel de perpétuer, voire d'amplifier les préjugés présents dans les données sur lesquelles ils sont formés. Si un système d'IA est formé sur des données biaisées, il peut prendre des décisions qui désavantagent injustement certains groupes, comme les femmes ou les minorités. Cela soulève d'importantes questions en matière d'équité et de responsabilité : qui est responsable lorsqu'un système d'IA prend une décision biaisée, et comment pouvons-nous garantir que ces systèmes sont conçus pour traiter tout le monde équitablement ?

La confidentialité est une autre considération éthique essentielle dans le développement des technologies futures. À mesure que les technologies de surveillance deviennent plus avancées, la frontière entre sécurité et confidentialité devient de plus en plus floue. Par exemple, les systèmes de reconnaissance faciale sont désormais capables d'identifier des individus en temps réel, ce qui soulève des inquiétudes quant à la manière dont ces données sont collectées, stockées et utilisées. Si ces systèmes peuvent être utiles à des fins d'application de la loi ou de sécurité, ils présentent également des risques importants pour la vie privée et les libertés civiles. Dans certains cas, les gouvernements ou les entreprises peuvent abuser de ces technologies pour surveiller les citoyens ou réprimer la dissidence, créant ainsi un effet dissuasif sur la liberté d'expression. Équilibrer les avantages de la surveillance avec la nécessité de protéger la vie privée est un défi éthique complexe qui nécessite un examen attentif et une réglementation.

Les véhicules autonomes présentent une autre série de dilemmes éthiques, en particulier dans les scénarios de vie ou de mort. Par exemple, si une voiture autonome est confrontée à un accident inévitable, comment doit-elle décider à qui donner la priorité : les passagers de la voiture ou les piétons sur la route ? Ces décisions, souvent qualifiées de « problèmes de chariot », mettent en évidence la difficulté de programmer des machines pour faire des choix éthiques dans des situations complexes et réelles. Les développeurs doivent se demander comment coder les valeurs morales dans les algorithmes et qui doit être tenu responsable lorsque les choses tournent mal.

Le risque de conséquences imprévues constitue une autre préoccupation éthique majeure dans le développement technologique. L'automatisation, par exemple, peut potentiellement déplacer des millions de travailleurs, en particulier dans des secteurs comme la fabrication, les transports et la vente au détail. Si l'automatisation peut accroître l'efficacité et réduire les coûts, elle soulève également des questions sur la manière de soutenir les travailleurs dont les emplois sont remplacés par des machines. De même, des technologies telles que les deepfakes (des vidéos générées par l'IA qui peuvent donner l'impression que quelqu'un a dit ou fait quelque chose qu'il n'a jamais fait) peuvent être utilisées pour diffuser de la désinformation, manipuler l'opinion publique ou nuire à la réputation. Ces conséquences imprévues soulignent l'importance d'anticiper et d'atténuer les risques associés aux nouvelles technologies.

Les technologies d'édition génétique, telles que CRISPR, soulèvent également de profondes questions éthiques. Si ces technologies ont le potentiel de guérir les maladies génétiques et d'améliorer la santé humaine, elles ouvrent également la porte à des pratiques controversées telles que les « bébés sur mesure », dans lesquels des traits génétiques sont sélectionnés ou modifiés pour des raisons non médicales. Cela soulève des préoccupations en matière d'équité, dans la mesure où l'accès à l'édition génétique peut être limité aux riches, exacerbant ainsi les inégalités sociales et économiques existantes. Cela soulève également des questions sur les conséquences à long terme de la modification du génome humain et sur les limites éthiques de l'expérimentation scientifique.

Compte tenu de ces défis, il est clair que les développeurs, les entreprises et les gouvernements ont la responsabilité partagée de garantir que les technologies futures soient conçues et utilisées de manière responsable. Les développeurs doivent adopter une approche « éthique dès la conception », intégrant dès le début les principes éthiques dans le processus de développement technologique. Cela signifie considérer les impacts potentiels d'une technologie sur les individus et la société, identifier les risques et prendre des mesures pour les atténuer. Par exemple, les développeurs de systèmes d'IA peuvent effectuer des audits de biais pour garantir que leurs algorithmes sont justes et inclusifs, ou ils peuvent concevoir des systèmes qui privilégient la transparence, permettant ainsi aux utilisateurs de comprendre comment les décisions sont prises.

Les entreprises ont également un rôle essentiel à jouer dans la promotion du développement technologique éthique. En tant que principaux moteurs de l'innovation, les entreprises doivent donner la priorité aux considérations éthiques parallèlement à la rentabilité. Cela implique d'être transparent sur le fonctionnement de leurs technologies, de collaborer avec diverses parties prenantes pour comprendre les impacts potentiels et d'assumer la responsabilité des conséquences de leurs produits. Par exemple, les entreprises technologiques peuvent créer des conseils d'éthique ou des comités consultatifs pour fournir des conseils sur des questions éthiques complexes, ou elles peuvent collaborer avec des chercheurs et des décideurs politiques pour développer les meilleures pratiques pour une innovation responsable.

Les gouvernements ont également un rôle essentiel à jouer en veillant à ce que les technologies soient développées et utilisées d'une manière conforme aux valeurs sociétales. Cela comprend la création de réglementations et de lignes directrices qui favorisent la transparence, la responsabilité et l'équité. Par exemple, les gouvernements peuvent établir des lois sur la protection des données pour protéger la vie privée, ou ils peuvent exiger des entreprises qu'elles effectuent des évaluations d'impact avant de déployer de nouvelles technologies. La collaboration internationale est également essentielle, car bon nombre des défis associés aux technologies émergentes, comme les menaces à la cybersécurité ou l'utilisation abusive de l'IA, dépassent les frontières nationales. L'élaboration de cadres et de normes mondiaux peut contribuer à garantir que les technologies sont utilisées de manière responsable et éthique à l'échelle mondiale.

L'inclusivité est un autre principe clé pour répondre aux préoccupations éthiques. Le développement des technologies futures devrait impliquer diverses perspectives, notamment celles des communautés marginalisées, des éthiciens et des organisations de la société civile. Cela garantit que les voix de ceux qui pourraient être les plus touchés par les nouvelles technologies soient entendues et que les bénéfices soient répartis équitablement. Par exemple, impliquer des représentants de la communauté dans la conception de systèmes de surveillance peut aider à répondre aux préoccupations concernant la vie privée et la discrimination, tandis que la collaboration avec des éthiciens peut fournir des informations précieuses sur les implications morales des nouvelles technologies.

Chapitre 13

Connectivité mondiale et flux d'idées

Le monde n'a jamais été aussi connecté qu'aujourd'hui. Les progrès de la technologie, d'Internet et de la communication numérique ont créé un réseau mondial où les individus peuvent collaborer et innover au-delà des secteurs, des cultures et des frontières. Ce monde connecté a ouvert des opportunités sans précédent, permettant aux individus et aux organisations de travailler ensemble en temps réel, de partager des idées instantanément et de mettre en commun leurs ressources pour résoudre certains des défis les plus urgents au monde. La promesse d'un monde connecté réside dans sa capacité à favoriser la collaboration et à susciter l'innovation, créant ainsi un avenir où le progrès repose sur l'effort collectif et le partage des connaissances.

L'un des aspects les plus transformateurs d'un monde connecté est la capacité de collaborer sans être limité par l'emplacement géographique. Internet et les plateformes numériques ont permis aux personnes de travailler ensemble depuis n'importe où dans le monde, éliminant ainsi les barrières de distance et de temps. Par exemple, le travail à distance est devenu une pratique courante dans de nombreux secteurs, permettant aux équipes de collaborer de manière transparente sur tous les continents. Des fonctionnalités telles que Zoom, Microsoft Teams et Slack permettent une communication et une coordination en temps réel, permettant aux utilisateurs de partager plus facilement que jamais des idées, de résoudre des problèmes et d'atteindre des objectifs communs.

Les projets open source sont un autre exemple puissant de collaboration mondiale. Dans les communautés open source, les développeurs du monde entier contribuent à la création et à l'amélioration de logiciels accessibles gratuitement à tous. Des projets comme Linux, un système d'exploitation open source, et le langage de programmation Python sont devenus des capacités essentielles en matière de technologie et d'innovation, grâce aux efforts collectifs de milliers de contributeurs. Ces projets démontrent comment un monde connecté peut exploiter le pouvoir de la collaboration pour créer des capacités et des solutions qui profitent à tous.

Les collaborations mondiales en matière de recherche ont également accéléré les progrès dans des domaines tels que la science, la médecine et la technologie. Le développement de vaccins contre la COVID-19 est un excellent exemple de ce qui peut être réalisé lorsque le monde s'unit pour relever un défi commun. Des scientifiques, des chercheurs et des sociétés pharmaceutiques de différents pays ont travaillé ensemble pour partager des données, mener des essais et développer des vaccins en un temps record. Ce niveau de coopération internationale n'aurait pas été possible sans la connectivité offerte par la technologie moderne, qui permet aux chercheurs d'échanger des informations et de coordonner leurs efforts à l'échelle mondiale.

Un monde connecté favorise également l'innovation en permettant l'échange rapide d'idées et l'accès à des perspectives diverses. Lorsque des personnes issues d'horizons, de cultures et de disciplines différents se réunissent, elles apportent des idées et des approches uniques qui peuvent conduire à des solutions révolutionnaires. Par exemple, les pôles technologiques mondiaux comme la Silicon Valley, Shenzhen et Bangalore prospèrent parce qu'ils attirent des talents du monde entier, créant ainsi des environnements où diverses idées peuvent prospérer. Ces pôles sont des foyers d'innovation, favorisant les progrès dans des domaines tels que l'intelligence artificielle, les énergies renouvelables et la biotechnologie.

Les plateformes de financement participatif comme Kickstarter et GoFundMe sont un autre exemple de la manière dont la connectivité stimule l'innovation. Ces plateformes permettent aux créateurs, entrepreneurs et innovateurs de présenter leurs idées à un public mondial et d'obtenir un financement auprès de sympathisants du monde entier. Cela a démocratisé l'accès aux ressources, permettant à des individus dotés de grandes idées mais de moyens financiers limités de donner vie à leurs projets. Des gadgets innovants aux films révolutionnaires, le financement participatif a permis à d'innombrables créateurs de concrétiser leurs visions.

Les avantages d'un monde connecté s'étendent au-delà des projets et des industries individuels. La connectivité a le potentiel de relever des défis mondiaux, tels que le changement climatique, la pauvreté et les crises de santé publique, en permettant une collaboration à une échelle jamais vue auparavant. Par exemple, des organisations internationales comme les Nations Unies utilisent des plateformes numériques pour coordonner les efforts entre les États membres, les ONG et les entreprises privées, garantissant ainsi un partage efficace des ressources et de l'expertise. De même, des initiatives telles que le Partenariat mondial pour l'éducation exploitent la connectivité pour améliorer l'accès à l'éducation dans les régions mal desservies, contribuant ainsi à combler les écarts en termes d'opportunités et de connaissances.

Cependant, la promesse d'un monde connecté n'est pas sans défis. L'un des problèmes les plus importants est l'inégalité numérique, c'est-à-dire l'écart entre ceux qui ont accès à la technologie et à Internet et ceux qui n'y ont pas accès. Même si la connectivité a créé d'incroyables opportunités pour de nombreuses personnes, des millions de personnes dans le monde n'ont toujours pas accès à l'infrastructure numérique de base. Cette fracture numérique affecte de manière disproportionnée les communautés marginalisées, les zones rurales et les pays en développement, limitant leur capacité à participer aux avantages d'un monde connecté. Il est essentiel de lutter contre les inégalités numériques pour garantir que les opportunités créées par la connectivité soient réparties équitablement.

Les menaces de cybersécurité constituent une autre préoccupation majeure dans un monde connecté. À mesure que de plus en plus de systèmes et d'appareils sont interconnectés, le risque de cyberattaques augmente. Les pirates peuvent exploiter les vulnérabilités des réseaux pour voler des informations sensibles, perturber les services ou même compromettre les infrastructures critiques. Par exemple, les attaques de ransomware contre des hôpitaux ou des réseaux électriques peuvent avoir des conséquences dévastatrices, soulignant la nécessité de mesures de cybersécurité robustes pour protéger les systèmes qui sous-tendent notre monde connecté.

La dépendance excessive à l'égard de la technologie constitue un autre défi auquel il faut s'attaquer. Si les capacités et les plateformes numériques ont facilité la collaboration et l'innovation, elles peuvent également créer des dépendances qui rendent les individus et les organisations vulnérables en cas de panne des systèmes. Par exemple, une entreprise qui s'appuie entièrement sur des capacités basées sur le cloud pour ses opérations peut être confrontée à des perturbations importantes si ces capacités sont mises hors ligne. Il est essentiel de trouver un équilibre entre l'exploitation de la technologie et le maintien de la résilience pour garantir que la connectivité reste une force plutôt qu'une faiblesse.

Pour réaliser pleinement la promesse d'un monde connecté, il est essentiel de relever ces défis et de veiller à ce que la collaboration et l'innovation soient guidées par des principes éthiques. Cela implique de promouvoir l'inclusivité, afin que chacun, quel que soit son emplacement ou son statut socio-économique, puisse bénéficier de la connectivité. Les gouvernements, les entreprises et la société civile doivent travailler ensemble pour élargir l'accès à l'infrastructure numérique, fournir des appareils abordables et investir dans des programmes d'alphabétisation numérique qui permettent aux individus de participer au réseau mondial.

La transparence et la responsabilité sont également essentielles. À mesure que la technologie s'intègre de plus en plus dans nos vies, il est important de garantir que les systèmes et plates-formes sur lesquels nous comptons sont conçus et utilisés de manière responsable. Cela inclut la protection de la vie privée des utilisateurs, la prévention de l'utilisation abusive des données et la garantie que les algorithmes et les processus décisionnels sont équitables et impartiaux. La collaboration entre les parties prenantes est essentielle pour développer des cadres et des normes qui favorisent la confiance et protègent l'intégrité d'un monde connecté.

Réduire la fracture numérique

Dans le monde d'aujourd'hui, l'accès aux technologies numériques et à Internet est devenu essentiel pour l'éducation, le travail, les soins de santé et même la vie quotidienne. Pourtant, des millions de personnes dans le monde restent déconnectées, incapables de bénéficier des opportunités qu'offre l'ère numérique. Cet écart entre ceux qui ont accès aux technologies numériques et ceux qui n'y ont pas accès est connu sous le nom de fracture numérique. Il s'agit d'un problème urgent qui perpétue les inégalités, limite les opportunités et empêche des communautés entières de participer pleinement au monde moderne. Réduire la fracture numérique ne consiste pas seulement à fournir un accès à la technologie : il s'agit également de garantir que chacun dispose des capacités, des connaissances et des opportunités nécessaires pour prospérer dans une société de plus en plus connectée.

La fracture numérique est causée par plusieurs facteurs, les disparités économiques étant l'un des plus importants. De nombreuses personnes, en particulier dans les ménages à faible revenu, n'ont pas les moyens d'acquérir les appareils ou les connexions Internet nécessaires pour accéder aux capacités numériques. Par exemple, une famille qui a du mal à joindre les deux bouts n'a peut-être pas les ressources nécessaires pour acheter un ordinateur ou payer pour une connexion haut débit fiable. Ce manque d'accès crée un obstacle à l'information, à l'éducation et aux opportunités économiques, laissant ces familles dans une situation désavantageuse par rapport à celles qui peuvent se permettre la technologie.

Une autre cause majeure de la fracture numérique est le manque d'infrastructures dans les zones rurales ou mal desservies. Dans de nombreuses régions du monde, notamment dans les pays en développement, l'accès à Internet est limité, voire inexistant, car les infrastructures nécessaires, telles que les câbles à fibres optiques ou les tours de téléphonie cellulaire, n'ont pas été construites. Même dans les pays développés, les communautés rurales sont souvent confrontées à des vitesses Internet plus lentes ou à des coûts plus élevés que les zones urbaines. Ce manque d'infrastructures signifie que les personnes vivant dans ces régions sont coupées du monde numérique, incapables d'accéder à l'éducation en ligne, à la télémédecine ou aux opportunités de travail à distance.

Une culture numérique limitée est également un facteur clé contribuant à la fracture numérique. Même lorsque les gens ont accès aux appareils et à Internet, ils ne savent peut-être pas comment les utiliser efficacement. Par exemple, une personne âgée qui n'a jamais utilisé de smartphone ou d'ordinateur peut avoir du mal à naviguer sur les plateformes en ligne ou à accéder à des informations importantes. De même, les personnes ayant un faible niveau d'éducation peuvent avoir des difficultés à utiliser leurs capacités numériques, ce qui creuse encore davantage l'écart entre ceux qui peuvent bénéficier de la technologie et ceux qui ne le peuvent pas.

Les conséquences de la fracture numérique sont considérables et profondément préoccupantes. L'un des impacts les plus importants concerne l'éducation. Pendant la pandémie de COVID-19, lorsque les écoles du monde entier se sont tournées vers l'apprentissage en ligne, des millions d'élèves vivant dans des zones reculées ou à faible revenu ont été laissés pour compte parce qu'ils n'avaient pas accès aux appareils ou à Internet. Par exemple, dans certaines communautés rurales, les élèves devaient utiliser des feuilles de travail imprimées ou des appareils partagés, ce qui rendait presque impossible de suivre le rythme de leurs pairs qui avaient accès à l'Internet haut débit et aux plateformes d'apprentissage numérique. Cet écart éducatif affecte non seulement les résultats scolaires des étudiants, mais limite également leurs opportunités futures, perpétuant les cycles de pauvreté et d'inégalité.

La fracture numérique affecte également l'accès aux soins de santé. La télémédecine, qui permet aux patients de consulter des médecins à distance, est devenue une capacité importante pour fournir des soins de santé dans les zones mal desservies. Cependant, sans accès à Internet ni culture numérique, de nombreuses personnes ne peuvent pas profiter de ces services. Par exemple, une personne vivant dans une zone rurale sans Internet fiable peut devoir parcourir de longues distances pour consulter un médecin, même pour des problèmes de santé mineurs qui pourraient être résolus grâce à une consultation virtuelle. Ce manque d'accès aux soins de santé peut avoir de graves conséquences pour les individus et les communautés, notamment lors de crises de santé publique.

Les opportunités économiques sont un autre domaine dans lequel la fracture numérique a un impact significatif. Dans l'économie numérique d'aujourd'hui, l'accès à Internet est essentiel pour trouver un emploi, créer une entreprise et participer au commerce électronique. Par exemple, une personne n'ayant pas accès à Internet peut avoir du mal à postuler à un emploi, car de nombreux employeurs exigent désormais que les candidatures soient déposées en ligne. De même, les petites entreprises situées dans des zones mal desservies peuvent manquer des opportunités d'atteindre des clients en ligne, limitant ainsi leur croissance et leur rentabilité. Cette exclusion de l'économie numérique affecte non seulement les individus, mais entrave également le développement économique de régions entières.

Réduire la fracture numérique nécessite une approche multidimensionnelle qui s'attaque aux causes profondes du problème. L'une des stratégies les plus importantes consiste à développer l'infrastructure à large bande afin de garantir que chacun, quel que soit l'endroit où il vit, ait accès à un Internet fiable et abordable. Les gouvernements et les entreprises privées peuvent travailler ensemble pour construire les infrastructures nécessaires dans les zones rurales et mal desservies, comme la pose de câbles à fibre optique ou le déploiement de l'Internet par satellite. Par exemple, des initiatives telles que Starlink de SpaceX visent à fournir un accès Internet haut débit aux régions éloignées grâce à la technologie par satellite, contribuant ainsi à combler le fossé pour les communautés laissées pour compte.

Fournir des appareils abordables constitue une autre étape cruciale dans la lutte contre la fracture numérique. Les programmes qui distribuent des ordinateurs portables, des tablettes ou des smartphones à faible coût aux familles à faible revenu peuvent contribuer à garantir que chacun dispose des capacités nécessaires pour accéder au monde numérique. Par exemple, des initiatives telles que One Laptop Per Child ont permis à des millions d'enfants dans les pays en développement d'accéder à la technologie, leur permettant ainsi de participer à l'apprentissage numérique et d'acquérir des compétences précieuses.

Les programmes d'alphabétisation numérique sont également essentiels pour combler le fossé. Ces programmes enseignent aux gens comment utiliser leurs capacités numériques et naviguer sur Internet, leur permettant ainsi de profiter des opportunités offertes par la technologie. Par exemple, les centres communautaires ou les bibliothèques peuvent proposer des ateliers gratuits sur les compétences informatiques de base, aidant ainsi les personnes âgées, les personnes à faible revenu et d'autres groupes mal desservis à renforcer leur confiance et leurs compétences dans l'utilisation de la technologie.

La collaboration entre les gouvernements, les entreprises technologiques et la société civile est essentielle pour réduire la fracture numérique. Les gouvernements peuvent mettre en œuvre des politiques et fournir des financements pour soutenir le développement des infrastructures, la distribution d'appareils et les programmes d'alphabétisation numérique. Les entreprises technologiques peuvent jouer un rôle en concevant des appareils abordables, en proposant des forfaits Internet à faible coût ou en s'associant à des organisations à but non lucratif pour atteindre les communautés mal desservies. Les organisations de la société civile peuvent plaider en faveur de l'inclusion numérique, sensibiliser à ce problème et apporter un soutien sur le terrain à ceux qui en ont le plus besoin.

Il existe déjà de nombreuses initiatives réussies qui démontrent le pouvoir de la collaboration pour réduire la fracture numérique. Par exemple, le projet Loon de Google a utilisé des ballons à haute altitude pour fournir un accès Internet aux zones reculées, tandis que l'Airband Initiative de Microsoft vise à apporter le haut débit aux communautés mal desservies aux États-Unis et dans le monde. Des organisations à but non lucratif telles que le Digital Divide

Council et l'Alliance for Affordable Internet s'efforcent également de promouvoir l'inclusion numérique et de garantir que chacun ait accès aux capacités dont il a besoin pour réussir à l'ère numérique.

Le rôle des gouvernements, des entreprises et des individus dans la construction de l'avenir

"La meilleure façon de prédire l'avenir est de le créer." – Peter Drucker

L'avenir n'est pas quelque chose qui nous arrive simplement : c'est quelque chose que nous façonnons par nos actions, nos décisions et nos collaborations. Les gouvernements, les entreprises et les individus jouent chacun un rôle essentiel dans la détermination de l'orientation de la technologie, de la société et du progrès mondial. Ces trois parties prenantes clés influencent la façon dont nous relevons les défis, saisissons les opportunités et construisons un monde qui reflète nos valeurs communes. En comprenant leurs rôles et responsabilités, nous pouvons travailler ensemble pour créer un avenir durable, inclusif et innovant.

Les gouvernements ont un rôle unique et puissant pour façonner l'avenir. Ils établissent les règles et les cadres qui guident la société, créent des politiques pour résoudre les problèmes urgents et investissent dans les infrastructures et l'innovation pour stimuler le progrès. Par le biais de réglementations, les gouvernements veillent à ce que les nouvelles technologies soient développées et utilisées de manière responsable. Par exemple, à mesure que l'intelligence artificielle (IA) s'intègre de plus en plus dans nos vies, les gouvernements s'efforcent de créer des lignes directrices et des lois éthiques pour prévenir les abus, tels que les biais dans les systèmes d'IA ou la propagation de fausses informations via les deepfakes. Ces réglementations contribuent à protéger les citoyens tout en favorisant la confiance dans les technologies émergentes.

Les gouvernements jouent également un rôle essentiel dans la réponse aux défis mondiaux tels que le changement climatique. En promouvant les énergies renouvelables et les pratiques durables, ils peuvent mener la transition vers un avenir plus vert. Par exemple, des pays comme le Danemark et l'Allemagne ont investi massivement dans l'énergie éolienne et solaire, se fixant des objectifs ambitieux pour réduire les émissions de carbone. Ces efforts non seulement luttent contre le changement climatique, mais créent également des emplois et stimulent la croissance économique dans le secteur des énergies renouvelables.

Outre les initiatives réglementaires et environnementales, les gouvernements investissent dans l'éducation, les soins de santé et les infrastructures pour garantir que leurs citoyens aient les capacités et les opportunités de s'épanouir. Les programmes qui élargissent l'accès à une éducation de qualité, comme l'enseignement public gratuit ou les bourses d'études supérieures, permettent aux individus de contribuer à la société et à l'économie. De même, les investissements dans les systèmes de santé garantissent que les gens peuvent vivre une vie plus saine et plus productive. Les gouvernements construisent et entretiennent également des infrastructures, telles que des routes, des ponts et des réseaux Internet, qui sont essentielles pour connecter les communautés et permettre le progrès.

Tandis que les gouvernements préparent le terrain, les entreprises sont souvent les moteurs de l'innovation et de la croissance économique. Les entreprises développent de nouvelles technologies, créent des emplois et influencent le comportement des consommateurs, façonnant ainsi notre façon de vivre et de travailler. Les entreprises technologiques, par exemple, ont révolutionné les secteurs grâce aux progrès de l'intelligence artificielle, des énergies renouvelables et de l'exploration spatiale. Des entreprises comme Tesla ont accéléré l'adoption des véhicules électriques, réduisant ainsi leur dépendance aux combustibles fossiles et incitant d'autres constructeurs automobiles à emboîter le pas. De même, SpaceX a rendu l'exploration spatiale plus accessible et plus rentable, ouvrant ainsi de nouvelles possibilités de découvertes scientifiques et d'entreprises commerciales.

Les entreprises ont également un impact significatif sur la société grâce à leurs responsabilités éthiques. À mesure que les entreprises grandissent et se développent, elles doivent tenir compte des effets à long terme de leurs actions sur l'environnement, leurs employés et les communautés qu'elles servent. Par exemple, de nombreuses entreprises adoptent des pratiques durables, telles que la réduction des déchets, l'utilisation d'énergies renouvelables et la création de produits respectueux de l'environnement. Ces efforts profitent non seulement à la planète, mais séduisent également les consommateurs qui privilégient la durabilité dans leurs décisions d'achat.

La confidentialité des données est un autre domaine dans lequel les entreprises ont une responsabilité cruciale. À une époque où les informations personnelles sont collectées et analysées à une échelle sans précédent, les entreprises doivent garantir que les données sont traitées de manière sécurisée et transparente. Par exemple, les géants de la technologie comme Apple ont mis l'accent sur la confidentialité des utilisateurs en mettant en œuvre des fonctionnalités qui donnent aux individus plus de contrôle sur leurs données. En donnant la priorité aux pratiques éthiques, les entreprises peuvent instaurer la confiance avec leurs clients et contribuer à un paysage numérique plus équitable et plus sécurisé.

Même si les gouvernements et les entreprises jouent un rôle important, les individus sont au cœur de la construction de l'avenir. Grâce à l'action collective, aux choix des consommateurs et aux mouvements populaires, les citoyens ont le pouvoir de conduire le changement et de demander des comptes aux institutions. L'activisme est l'un des moyens les plus visibles par lesquels les individus influencent l'avenir. Par exemple, le plaidoyer en faveur du changement climatique mené par des personnalités comme Greta Thunberg a inspiré des millions de personnes dans le monde à exiger des mesures de la part des gouvernements et des entreprises. Ces mouvements ont poussé les dirigeants à adopter des politiques climatiques plus ambitieuses et à investir dans des solutions durables.

Les choix des consommateurs ont également un impact profond sur l'avenir. Lorsque les individus choisissent de soutenir des entreprises qui correspondent à leurs valeurs, comme acheter auprès d'entreprises qui privilégient le développement durable ou des pratiques de travail éthiques, ils envoient un message puissant au marché. Cette demande de produits et de services responsables encourage les entreprises à adopter de meilleures pratiques et à innover d'une manière qui profite à la société.

Les mouvements populaires et l'entrepreneuriat social sont d'autres moyens par lesquels les individus contribuent au progrès. Les entrepreneurs sociaux, par exemple, créent des entreprises qui répondent à des défis sociaux ou environnementaux tout en générant de la valeur économique. Des organisations comme

TOMS Shoes, qui fait don d'une paire de chaussures pour chaque paire vendue, démontrent comment les individus peuvent combiner innovation et engagement à rendre le monde meilleur. Ces efforts montrent que chacun, quelles que soient ses origines ou ses ressources, peut jouer un rôle dans l'élaboration de l'avenir.

Les progrès les plus significatifs surviennent souvent lorsque les gouvernements, les entreprises et les individus travaillent ensemble. La collaboration est essentielle pour relever les défis mondiaux tels que le changement climatique, les inégalités et les perturbations technologiques. Par exemple, l'Accord de Paris sur le changement climatique a réuni les gouvernements, les entreprises et la société civile pour fixer des objectifs de réduction des émissions de carbone et de transition vers les énergies renouvelables. Ce type de partenariat démontre le pouvoir de l'action collective pour résoudre des problèmes complexes qu'aucune partie prenante ne peut résoudre seule.

La responsabilité partagée et la prise de décision éthique sont essentielles pour garantir un avenir durable et inclusif. Les gouvernements doivent créer des politiques qui favorisent l'équité et protègent le bien public. Les entreprises doivent donner la priorité aux pratiques éthiques et à la durabilité à long terme plutôt qu'aux profits à court terme. Les individus doivent rester informés, faire des choix conscients et demander des comptes aux institutions. En travaillant ensemble, ces trois parties prenantes peuvent créer un avenir qui reflète nos valeurs et aspirations communes.

Construire un réseau d'information plus inclusif et transparent

Dans le monde interconnecté d'aujourd'hui, les réseaux d'information constituent l'épine dorsale de notre façon de communiquer, d'apprendre et de prendre des décisions. Ces réseaux, couvrant Internet, les plateformes de médias sociaux, les moteurs de recherche et les systèmes de partage de données, ont le pouvoir de façonner les sociétés, d'influencer les économies et de connecter les gens à travers le monde. Toutefois, l'état actuel des réseaux d'information est loin d'être parfait. Des défis tels que l'inégalité numérique, les biais algorithmiques, la désinformation et le manque de transparence dans la manière dont les données sont collectées et utilisées ont créé des obstacles qui affectent de manière disproportionnée les communautés marginalisées et aggravent les disparités sociales et économiques. Pour construire un réseau d'information plus inclusif et transparent, nous devons relever ces défis et garantir que chacun ait un accès équitable à la technologie, à des systèmes impartiaux et à une communication claire sur la manière dont l'information est gérée.

L'un des problèmes les plus urgents des réseaux d'information d'aujourd'hui est l'inégalité numérique. Des millions de personnes dans le monde n'ont toujours pas accès à Internet ni aux appareils nécessaires pour participer à l'ère numérique. Cette fracture trouve souvent son origine dans les disparités économiques, les ménages à faible revenu n'ayant pas les moyens d'acquérir la technologie nécessaire. Cette situation est également exacerbée par le manque d'infrastructures dans les zones rurales ou mal desservies, où l'Internet haut débit n'est pas disponible ou est d'un coût prohibitif. Sans accès aux réseaux d'information, les individus sont exclus des opportunités en matière d'éducation, de soins de santé et d'emploi, perpétuant les cycles de pauvreté et d'inégalité.

Le biais algorithmique constitue un autre défi important. De nombreux systèmes qui alimentent les réseaux d'information, tels que les moteurs de recherche, les algorithmes de recommandation et l'intelligence artificielle (IA), sont conçus à partir de données qui reflètent les préjugés sociétaux existants. Par exemple, un système d'IA utilisé pour le recrutement peut favoriser les candidats issus de certains groupes démographiques si les données de formation sont biaisées en faveur de ces groupes. De même, les moteurs de recherche peuvent donner la priorité au contenu qui renforce les stéréotypes ou exclut diverses perspectives. Ces préjugés peuvent avoir des conséquences concrètes, limitant les opportunités pour les communautés marginalisées et perpétuant la discrimination.

La désinformation constitue un problème croissant dans les réseaux d'information, les contenus faux ou trompeurs se propageant rapidement sur les réseaux sociaux et autres plateformes. Ce problème est souvent alimenté par des algorithmes qui donnent la priorité à l'engagement, amplifiant le contenu sensationnel ou chargé d'émotion au détriment des informations précises. La désinformation peut avoir de graves conséquences, allant d'influencer les élections à saper les efforts de santé publique. Par exemple, pendant la pandémie de COVID-19, de fausses informations sur les vaccins se sont largement répandues en ligne, contribuant à l'hésitation à la vaccination et mettant des vies en danger.

Le manque de transparence dans la manière dont les données sont collectées, partagées et utilisées complique encore ces défis. De nombreux utilisateurs ignorent comment leurs informations personnelles sont suivies et monétisées par les entreprises, ce qui suscite des inquiétudes en matière de confidentialité et de sécurité des données. Par exemple, les plateformes de médias sociaux collectent souvent de grandes quantités de données sur leurs utilisateurs, mais les processus derrière cette collecte de données sont rarement expliqués en termes clairs ou accessibles. Ce manque de transparence érode la confiance dans les systèmes numériques et laisse les utilisateurs vulnérables à l'exploitation.

Pour relever ces défis, nous devons donner la priorité aux principes d'inclusion et de transparence dans la construction de réseaux d'information. L'inclusivité signifie garantir que chacun, quelles que soient ses origines ou sa situation, ait accès aux capacités et aux opportunités offertes par les technologies numériques. Cela implique d'étendre l'accès à Internet dans les zones mal desservies, de fournir des appareils abordables et de mettre en œuvre des programmes d'alphabétisation numérique pour aider les gens à naviguer dans le monde en ligne. Par exemple, des initiatives telles que le projet Loon de Google, qui utilise des ballons à haute altitude pour fournir Internet aux régions éloignées, démontrent comment la technologie peut être utilisée pour réduire la fracture numérique.

La transparence, en revanche, implique de rendre les réseaux d'information plus ouverts et plus responsables. Cela signifie concevoir des systèmes faciles à comprendre et fournir des explications claires sur la manière dont les données sont collectées, partagées et utilisées. Les plateformes open source, où le code sous-jacent est accessible au public, sont un excellent exemple de transparence en action. Ces plateformes permettent aux utilisateurs de voir comment fonctionne le système et de contribuer à son développement, favorisant ainsi la confiance et la collaboration. Les initiatives communautaires, telles que Wikipédia, démontrent également le pouvoir de la transparence en permettant aux utilisateurs de vérifier et de modifier collectivement le contenu.

Les gouvernements, les entreprises et la société civile ont tous un rôle essentiel à jouer dans la construction d'un réseau d'information plus inclusif et transparent. Les gouvernements peuvent créer des politiques et des réglementations qui favorisent l'inclusion numérique et protègent la vie privée des utilisateurs. Par exemple, le Règlement général sur la protection des données (RGPD) de l'Union européenne établit des lignes directrices strictes sur la manière dont les entreprises traitent les données personnelles, donnant ainsi aux utilisateurs plus de contrôle sur leurs informations. Les gouvernements peuvent également investir dans des projets d'infrastructure pour étendre l'accès à Internet et financer des programmes d'alphabétisation numérique.

Les entreprises, en tant que créatrices et exploitantes de nombreux réseaux d'information, ont la responsabilité de concevoir des systèmes équitables, accessibles et transparents. Cela implique de lutter contre les biais algorithmiques en utilisant divers ensembles de données et en effectuant des audits réguliers pour garantir l'équité. Les entreprises peuvent également adopter des pratiques éthiques en matière d'IA, comme donner la priorité à la confidentialité des utilisateurs et éviter l'utilisation de l'IA à des fins nuisibles. Par exemple, Microsoft s'est engagé à développer des systèmes d'IA inclusifs et responsables, donnant ainsi l'exemple à d'autres entreprises technologiques.

La société civile, y compris les organisations à but non lucratif, les groupes de défense et les citoyens individuels, joue un rôle essentiel pour responsabiliser les gouvernements et les entreprises. Les mouvements populaires peuvent sensibiliser aux inégalités numériques et faire pression en faveur de politiques favorisant l'inclusivité. Les organisations à but non lucratif peuvent proposer une formation en littératie numérique et défendre les communautés marginalisées. Par exemple, des organisations comme l'Electronic Frontier Foundation s'efforcent de protéger les droits numériques et de promouvoir la transparence dans les réseaux d'information.

La collaboration entre ces parties prenantes est essentielle pour créer un réseau d'information plus inclusif et transparent. Les gouvernements, les entreprises et la société civile doivent travailler ensemble pour s'attaquer aux causes profondes des inégalités numériques, lutter contre la désinformation et garantir que les réseaux d'information sont conçus dans un souci d'équité et de responsabilité. Les partenariats public-privé, comme ceux entre les entreprises technologiques et les gouvernements, peuvent mettre en commun les ressources et l'expertise pour relever des défis complexes. Par exemple, les partenariats visant à étendre l'accès au haut débit dans les zones rurales ont permis de connecter avec succès des millions de personnes à Internet.

Les avantages d'un réseau d'information inclusif et transparent sont immenses. En garantissant que chacun ait accès aux technologies numériques, nous pouvons permettre aux individus de participer pleinement à la société et à l'économie. Les systèmes transparents renforcent la confiance, favorisant la collaboration et l'innovation. Par exemple, les initiatives de données ouvertes, dans le cadre desquelles les gouvernements et les organisations partagent publiquement des données, ont conduit à des avancées dans des domaines tels que les soins de santé, l'urbanisme et la conservation de l'environnement. Un réseau d'information inclusif et transparent renforce également la démocratie en garantissant que les citoyens ont accès à des informations exactes et peuvent demander des comptes aux institutions.

Cependant, la construction d'un tel réseau n'est pas sans défis. La résistance au changement, le coût de sa mise en œuvre et la nécessité d'une coopération mondiale peuvent tous constituer des obstacles. Par exemple, l'expansion de l'accès à Internet dans les zones reculées nécessite des investissements importants dans les infrastructures, tandis que la lutte contre les biais algorithmiques nécessite une recherche et un développement continus. Relever ces défis nécessitera des efforts soutenus, une collaboration et un engagement envers les principes éthiques.

www.ingramcontent.com/pod-product-compliance
Lightning Source LLC
LaVergne TN
LVHW051226050326
832903LV00028B/2258

* 9 7 9 8 3 1 6 0 2 1 4 1 3 *